女の子に
生まれたこと、
後悔して
ほしくないから

Discover

はじめに

7年前、妊娠して子どもが娘だとわかったとき、大きな喜びと共に「この社会で女の子を育てるのか」という不安が生まれました。
自分が女として生きてきた中で、「女じゃなかったら、なかっただろうな」という痛みがたくさんあります。

娘もまた、この痛みを経験するのか。
そんな思いはさせたくない。
「女の子に生まれなければよかった」と、後悔してほしくない。

そう、強く願いました。願いましたが、守り切れる自信がないのです。

電車には痴漢がいて、被害にあっている人たちがいます。

ネット上で性被害に遭う恐ろしさも、新たに生まれてしまいました。

見た目に関して、さまざまな人からあらゆるシーンでジャッジされます。

本書執筆時点において、女性の首相は日本で一度も誕生していませんし、管理職の女性の割合は依然低いままです。

同じ役職で同じ仕事をしても、女性のほうが給料が低い現状があります。

ケア労働の多くは女性が担っていて、それが仕事の場合、賃金が低いことが多くあります。

家事・育児・介護のために、多くの女性がキャリアを諦めています。

女性のひとり親家庭の貧困率は5割を越えています。そのため、配偶者からDVを受けていても別れられない女性も多くいます。

課題が山積みで、とても私1人でどうこうできるものではありません。

でも、守ることを絶対にあきらめたくない。

まずは家庭の中、保護者ができることを知らねば。

そう思い、たくさんの専門家の方や当事者の方、アクティヴィストにお話をうかがいました。

知恵を借り、知って、実践することで、女の子が生きていていいと思える、自分でよかったと思える心の土台、自尊心を育むことができると思うのです。

不安なこと、知りたいことがたくさんあります。

たとえば私の場合、

「娘の行きたい学校を尊重したい。でも、電車通学になったときに痴漢に遭うのではと気が気ではない」

「スマホをそのうち持たせるけれど、監視したくはない。どうやってネット上にある被害から守ればいいのか」

「娘に将来自立できるようになってほしい。結婚しなくても、したとしても、自分を守れるように生きていく分のお金を稼げるようになってほしい。そのためにはいい学校に入ったほうがいい？　そもそも自立ってなんだろう……」

だとか。

その他にもたくさん、皆様に回答してもらった「女の子を育てるうえで不安なこと」のアンケートをもとに質問してきました。

この本には、先生たちに教わった具体的なヒントが詰め込まれています。

この本を書いたところで、社会をガラリと変えるのは難しいかもしれません。

けれども、次の世代に向けて声を上げること、その姿を娘や若い人に見てもらうことはできるのかな、とも思うのです。

私に選挙権があり、働けて、こうやって本を書くことができるのは、過去に女性たちが声を上げてくれたから。きっと、祖母の時代、母の時代に比べたら女性はずいぶん生きやすくなっているはずです。

でも、それでもまだまだ足りない。だから声を上げる人の1人になりたい。

執筆のきっかけは、「娘を女性であることの痛みからどうにか守りたい」という個人的な願いですが、その気持ちは娘だけでなく、他の女の子や女性に対しても強く持っています。

守るというとおこがましいかもしれません。

守るというよりは、負の連鎖を断ち切り、若い人たちが自信を持って自らその先を切り拓けるよう、その道の掘削をする、というイメージです。


この本では、社会的に弱い立場に置かれがちな女の子がこれから抱えうる痛みに、保護者としてどう接していこうか、ということに特化しています。

だからといって、男の子の保護者が読む意味がないかというとまったくそうではなく、男の子を育てる中で大切なヒントもたくさんあります。

そもそも、子どもは子どもというだけで社会的に弱い存在です。子どもの権利が守られているとは、現状到底言えません。

あたりまえですが、すべての子どもの権利が守られるようなアクションが必要です。


また、子どもを守るための本ではあるものの、たくさんの先生にお話を聞いてまとめるうちに、大人である自分自身が癒やされ、活力が沸いてきました。

この本を読まれる方が女性であれば自分自身のケアに、男性であれば女性のことを深く知ることにつながると思います。

どうか、これから羽ばたいてゆく女の子たちが、「女の子に生まれなければよかった」と思わずに、「自分でよかった」と思いながら暮らせますように。
そして、私たちも「私でよかった」と思いながら暮らせますように。

犬山紙子

一緒に考えてくれた先生たち（登場順）

清水晶子《しみずあきこ》

東京大学大学院総合文化研究科教授。専門はフェミニズム/クィア理論。著書に『フェミニズムってなんですか』（文藝春秋）『ポリティカル・コレクトネスからどこへ』（有斐閣）など。

2章 3章

上野千鶴子《うえのちづこ》

社会学者・東京大学名誉教授・認定NPO法人ウィメンズアクションネットワーク（WAN）理事長。専門は女性学・ジェンダー研究。高齢者の介護とケアも研究テーマとしている。

1章 2章

長田杏奈《おさだあんな》

美容ライター。著書に『美容は自尊心の筋トレ』（Pヴァイン）、責任編集に『エトセトラVOL.3 私の私による私のための身体』（エトセトラブックス）がある。

2章 3章

吉野《よしの》なお

思春期から社会人にかけて摂食障害を経験。2013年よりプラスサイズモデルとして活動を始め、コラム執筆なども行う。著書に『コンプレックスをひっくり返す』（旬報社）がある。

3章

稲葉可奈子《いなばかなこ》

産婦人科専門医・医学博士・Inaba Clinic院長。京都大学医学部卒業、東京大学大学院にて医学博士号を取得、双子含む四児の母。小中学生からかかりつけにできる婦人科を作るため2024年7月渋谷にInaba Clinic開院。

4章

荻上《おぎうえ》チキ

メディア論を中心に、政治経済、社会問題、文化現象まで幅広く論じる。NPO法人「ストップいじめ!ナビ」代表、「社会調査支援機構チキラボ」所長。著書に『いじめを生む教室』(PHP研究所)など。

7章

SHELLY《しぇりー》

1984年生まれ、神奈川県横浜市出身。14歳でモデルデビュー以後、タレント、MCなど幅広く活躍。3人姉妹のママ。YouTubeチャンネル「SHELLYのお風呂場」にて性教育コンテンツを配信中。

2章 3章 4章

鈴木朋子《すずきともこ》

ITジャーナリスト・スマホ安全アドバイザー。安全なIT活用をサポートするスマホ安全アドバイザーとして活動。著書に『親が知らない子どものスマホ』(日経BP)などがある。

5章

みたらし加奈《かな》

臨床心理士、公認心理師。現在は国際心理支援協会に勤務しながらメディアにも出演し、SNSを通して情報発信をおこなう。NPO法人「mimosas(ミモザ)」の代表副理事。

3章 4章 6章 8章

内田《うちだ》 舞《まい》

小児精神科医、ハーバード大学医学部准教授、マサチューセッツ総合病院小児うつ病センター長、3児の母。2007年北海道大学医学部卒、2011年Yale大学精神科研修修了、2013年ハーバード大学・マサチューセッツ総合病院小児精神科研修修了。

3章 8章

2章✤「女の子らしく」より「自分らしく」生きてほしいから

3章✤押しつけられる「美」より、自分の美しさに気づいてほしいから

6章 ✤ どんな性でも、愛されていると感じてほしいから

7章 ✤ いじめても、いじめられてもほしくないから

8章 ✤ 何度でも立ち直れる、心の回復力を育てたいから

1章

女の子に生まれたこと、後悔してほしくないから

娘が生まれました
ああ なんて愛しい
この小さくて繊細な命守りたい
ズキ ズキ
女の子……
私も女として生きてきて……
楽しいこともたっくさんあったけど
ほ
理不尽な思いもいっぱいした友達もそう……
同じ思いをさせたくない!! どう守ろう!?
性被害
キャリア継続難
有無をいわさぬケア労働力
女の子らしさの押しつけ
ルッキズム

娘には、私が体験したようなつらい思いをしてほしくない。


私も、そして多くの女性もそう思うけれど、この「つらい思い」とは具体的になんなのだろう。私たちはどんな傷を負ってきたのだろう。

まずは保護者自身が、女性であることで抱えてきた傷や理不尽、不安を振り返ったうえで、女の子を育てる不安について考えていこうと思います。

そこで2023年、インターネット上でアンケートをとり、保護者自身の傷、女の子を育てるうえでの不安をうかがいました。きっとこのアンケートに答えてくださった方は、痛みを思い出してしんどかったのではと思います。だからこそ、女性の痛みはなかったことにされがちなこの社会で、痛みをなかったことにしたくないという気持ちが伝わってきます。

女の子だからといって、夢をあきらめざるをえなかったり、仕事を続けることができなかったり、馬鹿にされたり、好きな服装もできず、性被害に遭ったりしてしまうこと。

これらの理不尽な目にあったとき、どこか「悔しいけど、しかたない」と自分に言い聞かせることがこれまでありました。それは社会に対しあきらめきっていて、期待をして怒るよりあきらめるほうが一瞬楽に思えるからです。傷が癒えていないのに、その場しのぎで無理やり蓋をして、なんでもない顔をし続ける。でも、蓋の下で傷は膿んでゆく。それがこれまでの私でした。

このアンケートを見て、私はその蓋が外れたような気持ちです。認めます、私は弱くて、とっても傷ついていることを。認めたくなかったけれど。と、同時にそんな中ここまで生きてきたこと、それだけで私は、そしてあなたは、とてもとても強いとも思います。

子ども、とくに女の子を育てるうえで不安なこと

2023年、インターネット上のアンケートで「①女としてこれまで生きてきてつらかったこと」「②女の子を育てるうえで不安なこと」をうかがったところ、100件近い回答を得ました。すべては紹介しきれませんが、ここで一部お見せします。

①女としてこれまで生きてきてつらかったこと

性被害・暴力被害

- 幼少期に性被害に遭い、それを親に伝えても真剣に取り合ってもらえなかった
- 幼少期に親戚から姉妹で性被害に遭った
- 校則で下着の色までチェックされるなどの人権侵害を受けた

・容姿や仕草で価値を決められ、痴漢やセクハラなどをされ続けることで自分に自信が持てず、不当な目に遭っても自分が悪いと思って何も言えなくなってしまった

家事育児・ジェンダーロール・母性の押しつけ

・出産は命懸けなのに、産後あたりまえのように家事をやらされ、義理の両親の家に出向かねばならなかった
・お互いフルタイムで働いているのに、家事育児は私が多く担っている
・産後は私が時短勤務。女性がキャリアをあきらめるのがあたりまえという夫の態度
・実家では、女だけが料理をやるという暗黙の了解があった
・妻になった瞬間、夫を支える要因としてみなされた
・女性はみな母になりたいものだと思われている

女性は劣るという偏見、女らしさの押しつけ

・個を見てもらえない、かわいげばかり求められる
・女性は仕事の能力が劣ると言われた
・起業したとき、パパ（パトロンのような人物）がいると噂された。仕事で成功した

とき、体を使ったと言われた
・相手に横柄な態度を取られる。夫が前に出ると相手は急におとなしくなる

進学や習い事、親から言われたこと

・女の子は大学に行かなくていいと親に言われていた
・私立大学進学を認めてもらえなかった。男兄弟にはその縛りはなかった
・男女の双子だが、弟は習い事をしていたのに対し、自分は家事手伝いをさせられた
・女なら体を売って生きていけると言われた

職場で受けた差別・セクハラ

・結婚したとき「仕事辞めて、旦那さんに養ってもらえば？」という扱いを受けた
・権力のある男性にセクハラされたが、誰も助けてくれなかった
・同期の男性2人と私と女性の2人組。女性チームの営業成績がよく、受け持つノルマも多かったのに、昇格したのは男性チームだった
・会社の大切なプロジェクトチームに、女性が男性の10分の1しかいなかった
・産休育休取得後、サポート系の部署に異動させられた

・男性より女性の給料が低い

見た目に関すること

・胸が大きな女性がいいと信じ込まされたため、劣等感を持っていた
・思春期に、「女の子はこんな見た目でいるべき」という圧が強かった。メイクや体型がそうではない自分が悪いと思わされた
・男子に見た目で点数をつけられた
・太っていると言われたことから摂食障害になった

社会・制度設計

・都立高入試で女性のほうが高い得点と内申を求められた
・苗字を変えなければいけなかった
・夫が私の姓になったとき、周りにいろいろ言われた
・シングルマザーが貧困なのは、本人の責任だと思われていること
・キャリア女性のロールモデルが、超人的なスケジュールをこなしている人ばかり
・就職するときに院卒だとむしろデメリットになると言われ、実際そうだった。女性

の教授も1人もいなかった。理系の技術職に女性の募集枠がないこともあった

②女の子を育てるうえで不安なこと

女の子らしさの押しつけ、決めつけ

・年少の頃から、すでに男の子は青、女の子はピンクという子どもの意見があった
・12歳の娘が、同級生の男子から「女子なんだからもう少しおしとやかにしなくちゃ」と言われていた。娘には自分が一番楽だと思えるスタイルで過ごしてほしい
・夫が「女の子なんだからもう少し言葉使いを丁寧に」と、性別を理由に叱ること
・女の子だから勉強はそこそこでもいいよね、と習い事の先生が言っていたこと
・理系科目をやる前から「女の子だから男の子より苦手」だと思い込まないでほしい

将来

・私の生き方がどのように映るのか、どのような姿を見せるのがベストなのか不安

・雇用における性差別に遭わないでほしい
・結婚したら自分のことは後回しにしなきゃいけないんだ、家事は女性がやるものだと思わないか不安
・ガラスの天井にぶち当たってしまうことが心配
・男性グループに入ったときに自分らしく自己主張ができるかどうか
・パートナーや職場が嫌なら離れる、危険回避の判断ができるようになってほしい

見た目に関すること

・娘の身長・体重の成長曲線が上限ギリギリなので周りのママからいろいろ言われる。娘が言葉を理解できるようになったときのことを思うと不安
・5歳の娘がぽっちゃりしていることを親戚が指摘してくる。そのときにうまい対応ができないこと
・周りから「この子は目が大きくなるかも」など見た目に関する期待を口にされると、娘が「そうでなくてはいけない」と思ってしまわないだろうかと不安
・企業の広告で美脚や細く見えること、おしゃれなことが正義であるようなルッキズムの助長が不安

・高2の終わりから、痩せたいからお弁当の量を減らしてほしいと言われた。生理も止まってしまい、婦人科に通いました
・夫が「目が大きくてスリムじゃないと、素敵な人に巡り会えないよ」と娘に言う
・姉妹間で、片方ばかりが周りから見た目をほめられること。思春期の自己評価に悪い影響を与えそうなことが不安。自分は自分として素敵だと思ってほしい
・「ハーフの赤ちゃんだからかわいい」と言われ、この先ミックスであることを引き合いに出されるのかと不安
・胸の位置が左右非対称なので、夫が「女の子なのにかわいそう」と言ったこと

性教育・性被害

・どのタイミングで、どのように性教育をすればいいのか不安
・万が一性被害に遭ったときにどう対応すればよいかわからない。自分を責めないでいられるようになってほしい
・電車通学、一人暮らしさせるのが怖い
・保育園で男の子におまたを見せてほしいと言われて、見せてしまったと娘に言われた。プライベートゾーンについてもっとしつこく話をしておけばよかった

・娘が4歳の頃保育園で1つ上の男の子たちに目をつけられ、スカートやパンツに手を入れられた。それを先生が「かわいいから、好きだからやっちゃったから」と言って済ませようとしたことにも不安
・小学生になり行動範囲が広くなったので、性被害に遭わないよう気をつけることを伝えている。けれど、なぜこんなことを教えなきゃいけないのかと悲しくなる
・ホームセンターで、女の子の脚を撮影している若い男を見かけた。盗撮している確証がなく、怖さもあり、通報できなかったことを悔やんでいる
・夫が4歳の娘をトイレに連れて行ったとき、娘を個室に置いて自分は隣の喫煙所に行っていた。性被害に対する危機感が違いすぎて不安になった
・小学校高学年でも、体操服の着替えの部屋が分かれていない。先生に頼んだが変わらなかった
・小児性犯罪者が教員になれること
・SNSで「幼女好きは公共のプールの更衣室だと父親が女の子を連れているのでオススメ」という書き込みを見てしまい、とても怖い
・スマホなどを使った性被害からどう守ればいいのか
・小五の娘が初潮を迎えました。今の子どもたちは初潮を迎えるのが早くなってきて

いるし、恋愛への興味も早いので、学校でもしっかり性教育をしてほしい
・異性愛の恋愛至上主義に染まってほしくない
・気軽に産婦人科に相談できるほどクリニックがないこと
・アフターピルなどが必要なときにすぐ得られる環境でもないのに、若い女性は性的に支配できる対象として見られがちであること
・性について、ポジティブに、なおかつ安全に気をつけてほしいと思います。自慰を覚えても悪いこととは思ってほしくない、それをどう伝えればいいのか

メディア

・テレビ、絵本、ポスターなど日常的に目にするものに、女性が家事や子育てをする描写が多いこと
・「若い、かわいい」ことばかりを女性の価値として取り上げることの多さ
・子どもが見る漫画、アニメでも女の子を性的に扱うものが多く、真に受けられたら困ると不安になる
・ネットを開くとエロ広告がすぐに表示されること。子どもが調べ物をしたいだけなのに、そこらじゅうにエロがあり、子どもの目に入ってしまう

社会

・性犯罪が多すぎること。罰則が軽いこと
・女性というだけで冷遇されること。都立高校の男女比、医学部入試の性差別、職業選択、賃金格差、選択的夫婦別姓が認められていない、養育費の不払い、嫁姑問題、将来のパートナーに家事育児を丸投げされるなど
・DVやストーカーなどの被害に遭わないか不安
・全世代に向けて、性犯罪とデジタルタトゥーへの再認識を強化し、性犯罪の厳罰化を行ってほしい
・女子であることを理由に不当な扱いを受けてほしくないし、それを自分の能力不足だと自信をなくさないでほしい

＊

アンケートから、なにはともあれ性被害に遭ってほしくないという強い願いが伝わってきます。アンケートに答えた大半の方が性被害が不安だと答えていました。すでにそういったことに娘さんが遭遇しているケースもあり、心が痛いです。

私も、まず最初に出てきた不安は「性被害に遭ってほしくない」でした。それくらい私たちは性被害に遭ってきたし、社会が性被害を積極的に取り締まってくれるという期待も抱けない。性加害者の再犯防止プログラムだって、あまりに数が足りていません。

そして、ルッキズムに対する不安もかなり大きく感じます。私も思春期に散々悩み、今もどこか見た目に対するコンプレックスが燻っています。見た目の悩みというのは、時に生きているのがつらくなるほど重いものです。美に基準があり、そこから外れていると自分に自信を持てなくなってしまう社会はおかしい。

娘には、どんな見た目であっても、心から自分を美しいと思ってほしい。私も、自分のことをそう思いたかった。

その他のトピックスも、**自分たちが受けてきた理不尽な扱いがベースにあると感じました。私たちは、やはり同じ思いを娘にしてほしくないんです。**

私たちは娘を守ろうとすることで、あの頃つらくて泣いていた自分を抱きしめ、守ろうとしているのかもしれません。娘と自分は別の人間なので、まずはつらかったときの自分を抱きしめてあげる必要があるのだと思います。自分を抱きしめて、娘も抱きしめたい。

傷ついてきた私たちは、どう娘を育てればいい？

ここからは、東京大学名誉教授の上野千鶴子さんにお話をうかがいました。

子どもの人生は子どものもの。私の人生は誰のもの？

上野「女の子に生まれたこと、後悔してほしくないから」というのは、本当にすばらしいタイトルだと思います。これまで女の子に生まれたことは宿命だとされていました。宿命だと変えられないですよね。なので「後悔してほしくない」と言えるようになったのは、大きな違いです。

犬山「変えたい、後悔してほしくない」ですら、昔は思えなかったんですね。宿命だから受け入れるしかなかった時代から、進歩したからこそ言える言葉。けれども依然として女性には社会から「産む性」「ケアする性」として、口答えせずにやれ、と言われているような圧を感じます。娘にはその圧から自由になって、自分の人生を歩んでほしいと思います。

上野　今も日本では妻の価値は夫で測られます。それだけでなく、かつては、女性の価値は子どもで測られました。ノーベル賞を取ったら、受賞者のお母さんのところにインタビューに行きますよね。「どうやって育てたんですか？」って。だから夫と子どもに尽くすのが女の役割でした。女の価値は夫と子どもで測られると、今の女性もそう思っているのではないでしょうか。エリート女性の中には、夫と子どもがエリートでないことに我慢ならない人もいます。

しかし、夫は自分とは別の人間、他人だとはっきりしていますから、夫の人生は私の人生ではありません。子どもの人生も子どものものです。私の人生を生きるのは私しかいません。自分の人生の主人公は自分だと、その覚悟を決めるかどうかが重要ではないでしょうか。

犬山　その覚悟を決めるとなると、やっぱり女性のほうが賃金が低いですし、「私の人生を生きる」のが難しい社会構造で本当に腹が立ちます。

上野 そうなんです。「女性は男性に依存して生きなさい」というように、社会も制度も女性を追い込んでいます。それがあなたのためだと言ってね。本当にふざけています。

「この子を置いて死ねない」って何歳まで思う？

上野 私はお母さんたちによく聞くのだけど、「この子を置いて死ねない」と子どもが何歳になるまで思いますか？

犬山 今は絶対に死ねないです。健康診断で引っ掛かると、よりヒヤッとするようになりました。子どもが、自分で生きられると感じるまではそうなのかな。目安としては22歳や18歳でしょうか。

上野 けっこう長いですね。これは回答の個人差がすごくおもしろい。中学や高校まで、大学生になったら、と言う人や、結婚させるまで、とか。早い人だと、子どもが3歳のときに「この子は私がいなくても生きていけると思った」と言った人もいました。それは、他の大人が育ててくれるから。

これまでの記録で一番早いのは、0歳です。身二つになったときに、「この人は私とは別の人だ」と思ったそうです。「私がいてもいなくても生きていくだろう」と。

犬山　この質問、すごいですね。親のいろいろな気持ちがあぶり出されます。私が答えた22年間という長い期間は、それだけ社会を信用していない、自分の子育てに対して自己責任が強い。社会に頼ろうと自身の活動の中であれだけ言っているのにもかかわらずです。

あとは、自分の人生と子どもの人生をくっつけて考えてしまっているということなのでしょうか。本当に、自分がしてきたつらい思いを娘にしてほしくないのです。私は痴漢に遭ってきたから、痴漢に遭ってほしくない。じゃあ、電車に乗せないのかというと、電車には乗れるようになってほしい。矛盾が生じます。

性被害以外にも、社会の中で女性だからという理由で理不尽な思いをしています。心から子どものためを思って言っていますが、そこには私自身の願いもくっついています。若い頃の私が叫んでいるのが、くっついています。

上野 自分以上になってほしいというのは親のエゴイズムだと思いますが、自分が味わった嫌な思いはしてほしくないというのはそうではありません。親の中には「自分も苦労したから、お前も苦労しろ」と考える人もいますから。自分が苦労した中でも、してよい苦労としなくてもよい苦労がありますから、しなくてもよい苦労はしないほうがよいのはあたりまえです。子どもにそんな思いをしてほしくないというのは、純粋な愛情でしょう。

声を上げたから変わってきた

上野 性被害が表に出てきたのは本当に最近のことです。それまで被害者は黙っていましたから。痴漢はなくなっていないけど、犯罪だと認識されるようになりました。

犬山 昔の雑誌で、痴漢に遭いやすい路線などがエンターテインメントとして扱われていたことを知り、絶望しました。

上野 「痴漢は犯罪です」というポスターが90年代半ばに東京メトロに登場したときには感動しました。痴漢が犯罪になっても痴漢はなくなりませんが、それが「あってあたりまえのこと」から「あってはならないこと」に変わったのは大きな違いです。

ヤングケアラーもそうですね。ヤングケアラーだって、「親孝行な、いいお子さん」と済まされてきたのが、子どもはちゃんと子どもらしく育って当然、という価値観が入ってきて、あってはならないことに変わりました。ダブルケアもそうですし、ワンオペ育児もそうです。**昔はあたりまえだったものが、あってはならないことという価値観に180度変わりました。**

これを変えてきたのは誰だと思いますか？　誰かが変えてきたのです。勝手に変わったわけではありません。

犬山　声を上げて戦った先人たちがいるのですよね。

上野　そう、**もうこんなことやってられないと思った女性たちが、声を上げたから変わったのです。それを親もやってみせるしかないのではないでしょうか。**

犬山　本当にそうですね。でも、自分1人が声を上げても無力だったり、声を上げたときにバッシングされるのが怖いと思うこともあります。

上野 誰でもそう思っていました。痴漢ですと声を上げてひどい目に遭ってしまった、御堂筋地下鉄事件（1988年、痴漢被害に遭っている女性を助けた女性を、痴漢2人が連れ去り強姦した事件。この助けた女性自身、以前この痴漢2人から痴漢被害に遭っていた）もありました。

　自分1人が声を上げても無力だと思うのは、残念ながら事実です。お茶くみもそうでしたね。声を上げると周囲から嫌がられ、孤立するかもしれない。でも、「なんで私が？」と言った人がいたからなくなったのです。

犬山 本当にそうですよね。**やはり声を上げる姿を子どもに見せるのも、大切ですよね。**

夫の前でどんな妻でいるか、子どもは見ている

上野 「なんで私が？」を夫に対して抱えているのなら、まずは夫に言わなければ意味がありません。子どもは、親の言うことを聞いて育つのではなく、親のすることを見て育つからです。

目の前にいる両親というカップルを見て、「大人の女性はこうするんだ、大人の男性はこうするんだ」と学びます。その結果、男の子たちが横暴になったり横着になったりすることもあるでしょう。

犬山「私さえ我慢すれば」と思っている女性もすごく多いです。私さえキャリアを我慢すれば、家庭は回るし、結局夫のほうが将来収入を得られる見込みも高いから、私が我慢するのは合理的な判断だと思わされてしまう。

上野現状では男性のほうが給与が高いですからそれが「合理的」に見えますが、その男女賃金格差を作り出しているのは構造ですから、そのもとで「合理性」を追求すれば、構造を再生産することになります。

しかし、先ほど述べたような、女性の価値が夫や子どもの価値で決まるという価値観が女性自身にないでしょうか？　夫に出世してほしいのは自分のためでもありませんか？ジャーナリストである中野円佳さんの『育休世代のジレンマ』では、総合職の女性が出産・育児で会社を辞める理由を解説しています。辞める理由の1つに、夫との交渉ができない、またはしても無駄だと思っていることがあります。

夫に育児資源を期待しない・できないのにはいくつも理由がありますが、理由の1つは夫のキャリアを自分のキャリアより優先するから。夫もそれを当然視しています。

経済的な理由だけでなく、夫がエリートでないことが我慢できないのです。それがエリート女性のアキレス腱です。しかし、結局のところ、夫の人生は他人の人生です。

女性が我慢して時短を選んだり、やりたい仕事を我慢して子育てを選んだりしたとき、その姿を子どもが見ています。そして自分が原因だと、無用な負債感を持つのではないでしょうか。

犬山 保護者世代も、母親のそういう姿を見てきていますよね。

上野 若い女友達で尊敬している人がいます。その人は恋愛結婚して、産みたくて産んで、子どもと閉じこもって3カ月目。夜中、2時間おきに授乳で起こされて、一番テンパっているときに、夫が朝、「行ってきます」って家から出かけようとしました。そのときに玄関で**夫の足にしがみついて、「行くなー！ 私と子どもを殺す気か」と叫んだそうです。そのくらい夫に言えよと思う、私は。**

そのとき夫が、「ごめん、会社あるから帰ってから話そうね」と言ったらどうなっていたと思いますか？

犬山 ああ、この人私のこと人間と思っていないんだなって心を閉ざします。

上野 関係が破綻しますよね。そんな関係を続ける理由がない。でも女は大抵、そういう男をそのまま行かせます。それはなぜかって、あきらめているから。でもその人の夫はまともな男性で、妻と向き合うために、その日、会社を休みました。その夫婦はそこから話し合いをして、結局、その夫は早く帰れる職場に転職しました。「収入は減ったけど、関係はよくなった」と彼女はカラカラと笑っていました。彼女くらいの主張を女性にしてほしい。でも、やらないんだよね。

犬山 それをやって夫の収入が減ったら、自分のせいって言われるかもしれない。子どもの学費とかもサッとよぎって怖くなる。それで自分が我慢する。でも、その姿を子どもは見ています。

私たちには変える力がある

上野 私が最近、小中高校生によく言う言葉があります。

ある女子高で講演した後の質疑応答で、生徒の１人が「今日の話を聞いて、私がこれから出ていく世の中は真っ暗だとわかりました」と言いました。そんなことを10代の女の子に言わせるのは本当につらいですよね。頑張ってきたのに、力が及ばなかった。無力で申し訳ないと感じています。こんな世の中をあなたたちに渡さなければならなくなるとは思いませんでした。

「ごめんなさい」と、彼女には謝りました。ですが、つけ加えてこんなふうに言いました。

「私たち、おばあちゃんやお母さん世代は、女の子が大学に行くのをあたりまえと思う時代には生きていませんでした。あなたたちが大学へ行けるようになって、昔より少しはよくなっています。職場でもあなたたちがお茶くみをしなくて済むようになりました。**それは勝手に変わってきたわけではありません。誰かが変えてきたのです。私たちが変えてきたのですから、あなたたちにも変える力があるのです**」

犬山　先人の姿が勇気になりますね。私が子どもを持とうと思ったのも、そうやって変わってきた社会だからなのかもしれません。

上野　子どもをいろいろな場所へ連れ歩いたらいいですよ。**子どもの世界は狭いから、選択肢をたくさん与えるのは親の役割だと思います。世の中にはこういう生き方もあるし、こういう価値観もあるし、こういう選択肢もあるから、どれでも自分の好きなものを選んでいいんだよ、と。**

私は、人の子育て本を読むのが好きなんです。子どもってごまかしの利かない生き物だから、子育てにはその人の本音が出ます。最近読んで感心したのが、ヤマザキマリさんの『ムスコ物語』。ヤマザキさんが母になってから、離婚したり再婚したり、突然シリアに行くとか言って世界中子どもを連れ回しました。この本の最後に、息子さんが「おかげさまでこれから先も、たったひとりきりになったとしても、世界の何処であろうと生きていけるだろう」と書いています。息子がいるからという理由で、自分の欲望を一度も抑えなかったんですね。

犬山　「世界の何処であろうと生きていけるだろう」って子どもが思ってくれること以上

の喜びはないかもしれません。

子どもの友達の名前を3人以上言えない父

上野 今日の話に父親が出てこなかったでしょう？　夫は話題に上がったけど、父親という存在はほとんど出てきませんでしたね。

私は、中高生の親である40～50代の男性に、「子どもの友達の名前を3人以上言えますか」と聞いていています。最初は「5人」と尋ねていたのですが、ハードルを下げました。やっとの思いで3人言えた人もいれば、言えない人もいます。一方で母親はすらすらと答えます。この差は何なのでしょう？

子どもの友達の名前が3人言えないというのは、もちろん友達のいない子もいるかもしれませんが、そうでない場合、子どもの人生に関心がないということです。関心を払っていないのでしょう。そして、いずれしっぺ返しがきます。

高校生の子たちと話していると、進路をめぐって人生の岐路にいるんです。**進路を決めるときに相談をする相手を聞くと、男子も女子もためらわずに即座に「お母さん」と答えます。お父さんはめったに出てきません。**生まれてから十数年の間に、父親に対する信頼を失っているんですよ、彼らは。言ってもムダだとか、わかってもらえないと感じています。お金を出してくれるスポンサーだというだけです。

そのツケは、男親の老後に来ます。笑い事ではありませんよ。私もずっと見てきました。たとえば、父親が先立って母親が残るケースがありますね。その場合、息子が母親の在宅介護をするのは、愛情が要因になっています。

ですが、父親と息子の組み合わせは非常に少ないです。もともと男性が長生きする割合が少ないこともありますが、その理由を、息子介護の研究をしている平山亮さんが、「父親が残った場合、息子は愛情という要因がないため、すぐに施設に入れる傾向がある」と言っています。娘の場合も同じですね。

もう1つエピソードを。女子生徒から、「お父さんとお母さんもおんなじだけ働いているのに、帰ってきたらお母さんは即、台所に立って、お父さんはビール飲みながらテレビ。お母さんはくたびれてる。むかつく。何とかしたい。上野先生、どうしたらいいでしょう？」と相談がありました。でも、お父さんを変えるのはお母さんであって、子どもではありません。だからこう答えました。**「長年、関係をそうやって作ってきた夫婦に原因があるので、夫婦の関係は夫婦で変えてもらうしかありません。でも、お母さんにはできず、娘にしかできない必殺技があります。それは、『私、お父さんみたいなひとは夫に選ばない』と言**

うこと」。これは、男親にけっこう効きます（笑）。

犬山　少しずつ子育てに関わる男性は増えていますが、アンケートからも夫の防犯意識の低さや、家事育児を分担しない意見が多く見られました。そういう姿を見せ続けると、結局は一番悲しい形で返ってくるんですね。

＊

「**勝手に変わってきたわけではありません。誰かが変えてきたのです。私たちが変えてきたのですから、あなたたちにも変える力がある**」

上野先生が学生に向けたこの言葉は、40代の私の心にもぐっと刺さりました。どこかで社会に対してのあきらめ、ずっと裏切られてきたような感覚があり、疲れ切ってしまっていた心に、必要な言葉でした。

本音を言えば、「なんで女が声を上げていかなきゃいけないんだ、本来権力を持つ側の仕事だろ」という怒りもあります。けれども、投票権を持ち、声を上げることのできる大人の一員として、やっぱりあきらめていちゃだめだと思うのです。

これまで戦ってきた女性たちがいて、その女性たちが掘削してくれた道がある。私は文章というスコップを持って掘削に続こうと思います。

そして、それは社会に対してだけでなく、家庭の中での振る舞いも大切です。上野先生の叱咤激励から、夫にアクションを起こそうと思われた方も多いかもしれません。非常に大切な指摘だと思います。

けれども、本当に疲れ切っている、夫が怖い、私がすべて悪い、そう思ってしまっているのであれば、どうか頑張る方向でなく、自分を守るほうに舵を切ってほしいと思うのです。

頼って、逃げる。それも娘に示せる1つの行動です。娘がそんな目に遭ってしまったら、どうか逃げてほしい、そのためにも。

そしてもう1つ、上野先生の話から「ああ、私たち愛されていたんだ」とも思いました。これまで、次の世代の女性たちのためにと動いてきた人たちは、今私たちが娘を守りたいと思っているような気持ちで、私たちのために動いてくれていた。それって愛されてるのですよね。直接誰かに愛されたという実感がなくとも、私たちは間接的に愛されてもいたんです。それは、大きなお守りのような感覚でした。

2章

「女の子らしく」より
「自分らしく」
生きてほしいから

女の子は性的な価値で測られて当たり前？
A子な〜
顔は5点 体は80点
わかる
イヤだけどニコニコしてないと私も言われる…？
女の子が自信あるといろいろ言われるかな
わかる人？
あっ……わかる！ でも手をあげると生意気って思われるかも
女の子ってリーダーには向いてないのかな
閣議決定
女の人1人しかいない
女の子は気を使ったほうがいいのかな？
私もテレビみたい
こういうことを思わされてしまう社会の中でどう声をかけて、どう希望を持ってもらおう
よちよち

娘には「女だから」という理由でさまざまな可能性を狭めてほしくないと強く思っています。

自ら湧き上がる「好き」や「知りたい」を大切に生きてほしい。

自分で自分の人生を選び取ってほしい。

それは「自分で自分の人生を決めた」と思うことこそが、幸せにつながると思うからです。

しかし、政治家も会社の役員も学者も、メディアに出てくるいわゆる「偉い人」が男性だらけの現状で、果たしてそれは可能なのでしょうか。

そんな現状を見続けていたら「重要な意思決定をしたり、起業したりするのは男性の役割。女性にはできない」と思わされてしまわないでしょうか。

逆に、女性の姿はどう映っているでしょうか。

社会を見回せば、育児や介護など、誰かのケアをしているのは女性であることが多く、「ケアすることのみが女性に向いている」と思ってしまわないでしょうか。

私は、女だから、母を介護したのではありません。

女だから、子育てをしているわけでもありません。

したいから、する必要があるから、しただけです。

私は、自分が女であることが嫌なのではないのです。

社会が「女」に求めているものが、嫌なのです。

この章では、ジェンダーと子育てについて先生方にお話をうかがいました。

子どもに、どうやってジェンダーギャップのある社会構造のことを説明し、それでも希望を持って生きていってもらう方法を考えます。

1 母親自身が今も傷ついている中で、娘をどう守るのか

2024年、日本のジェンダーギャップ指数は118位／146か国。これほどジェンダーギャップのある中で、女として生きるのは大変です。

今これを読んでいる人の中にも、つらい経験をして傷ついている方もいると思います。まだ私たち自身が混乱し恐怖を感じている中で娘を守らなければならないのですから、自分の傷と向き合いつつ、子育てをしていくことになります。

そうなると、子どもは自分と別の人格のはずなのに、過去の自分のような目に遭ってほしくない一心で、自分の延長線上のように過保護に守ってしまうのではないかという不安もあります。

そしてそれは、祖母から母へ、母から子へ、歴史で繰り返されてきたことなんだと思います。

私たちは娘にどう接し、守ってゆけばいいのでしょうか。東京大学大学院教授の清水晶子さんにお話をうかがいました。

清水 保護者は子どもを守らなければと思うものですが、子どものほうはやりたいことはやりたいし、行きたいところには行きたいものです。

もちろん、そういった行動をすべて止めると、問題のある親子関係になってしまいます。どこかの時点で、子どもにやりたいことをやらせるしかないと思います。

だからこそ、あらゆる暴力に対してできる限りのことをしなければなりません。とくに日本では女の子が性被害に遭いやすいので、それをできる限り防ぎたい。

しかし、完全に防ぐことは誰にもできないでしょう。通学の電車に、保護者が常についていくわけにはいかないですから。

そうなると、どうするかが問題です。**「守りたいと思っている、守ろうとしている」というメッセージだけでは、何かがあったときに子どもが保護者に被害を言えないかもしれません。「あんなに言ってくれていたのに、こんなことになってしまった。親に申し訳ない」と感じてしまうでしょう。**

「なぜお母さんがそこまで心配しているのか」を経験をまじえて伝えられるといいかなと思います。もちろん、自身が言える段階のことと、整理がつかないから言えないことがあるでしょうが、お子さんがある程度の年齢になったら、その点も含めて話せるといいですよね。

そうすれば、何かがあったときに少しでも保護者に言いやすくなるのではないでしょうか。

もちろん、口に出せないこともあると思うので、絶対というわけではありませんが、何かがあったあとに対応できる関係は大切ですね。

犬山 私の実家は門限などかなり厳しい家だったので、そういう守り方を母なりにしていたんだと思います。けれども、厳しくする理由を教えてほしかった。同時に、ルールを決めるだけでなく、私の意見も聞く、私のことを信用していると伝える、などの対応があれば、あの頃の苦しさは減ったんだろうなと思います。

「守られた」というよりは「押さえつけられた」という気持ちのほうが強かったため、一人暮らしをしたときに反動でガーッと危険なほうに突っ走ったし、危ない目にも遭いましたから。

今となっては、母の不器用な守り方も愛も、気持ちは痛いほどわかります。

2

「女の子だから」「男の子だから」と周りが言ったらどうする？

「女の子なんだから〜〜しなさい」「男の子なんだから〜〜するな」という古い価値観は、いくら保護者が言わないように気をつけていても、周りや社会から入ってきてしまう。そんな社会の中で、どのように子どもと接していけばいいのでしょうか。娘さんを育てながらライターとして活躍している、長田杏奈さんにお話をうかがいました。

長田 女の子だからとか男の子だからということを、当然私自身は言いません。もし、**周りの人が言ったら、その場で介入します。「そういうのはよくないかも」と軽く指摘するのです。**

たとえば、学校など私のいないところで「女の子だから」と言われたと娘が報告してきたら、「それはおかしいね」とモヤモヤを肯定し、「ママが先生に言おうか？」と提案します。子どもには「やめて」と言われますが（笑）。

そんなふうに接していると、頭ごなしに否定される心配がないためか、外で感じたモヤモヤを安心して話してくれるようになります。「杏奈（私）、絶対怒ると思うよ」と前振りして教えてくれます。

選ぶものや着る服については、たとえば中学の制服で娘がパンツスタイルを選んだときも、心から「いいね」と賛成します。

「みんながスカートを選んでいて浮くかもしれない」と不安がっていたら、「かぶらなくてかっこいいじゃん」と励まします。

ジェンダー的な王道や無難さにとらわれずに、自分の好きなほうを選んだことを応援するのです。逆に、世の中的にすごくフェミニンとされているものを好んだとしても、「ダサピンク」みたいな言い方はしないかな。それはそれでいいと思うので。

また、**わが家では性別役割分担のような意識は希薄かもしれません。**

以前は、夫の職場が忙しく、フリーランスで融通がききやすい私がワンオペ育児の時期もありました。夫に不満をぶつけたら、「でも自分で選んだんでしょ」と返されて悔しくて……。出た、自己責任論、新自由主義って感じですよね。

ただ、今では夫は私以上に家事をするし、私が苦手な学校周りのこまごましたこともやってくれてます。PTA活動に参加する保護者は母親の割合が高いため、めずらしがられてちょっと浮いたり、役員を任されそうになったりするそうです。

それから、これは特殊な例かもしれませんが、娘は私の仕事風景を垣間見て、「ジェンダーバイアスはよくない」という感覚を身につけている部分もあると思います。最近はオンラインでの会議や取材も多いので、たとえば今日のような話をしている場面で、子どもが近くで聞き耳を立てているんです。

私がオンラインで視聴しているコンテンツやイベントもジェンダーに関わるテーマが多いので、子どもにも少しずつジェンダー観がインストールされているように思います。保護者が学んでいることが、「門前の小僧習わぬ経を読む」ように子どもの中で育まれているみたい。

犬山 我が家は夫が料理担当ですが、娘が園児だった頃、私が料理をしている絵を描いていてびっくりしたことがありました。

私は料理しないのに、周りから「ママが料理をするもの」って学んでるんですよね。小さい子どもは本当に社会に影響を受けるんだなと感じた出来事でした。

3 男女別の「なりたい職業」の傾向に染まらないように

子どもはすごく影響を受けやすい存在です。テレビや動画では、リーダーシップを男性がとり、アシストを女性がするという構図が多く見られる中、そういった偏りが女の子の将来の展望を妨げる刷り込みになるのではないでしょうか。

長田 女性の研究者が出てくると、なぜか「リケジョ」と呼ばれたりしますよね。逆に、女性が多い職業は、保育士やヘルパーなどのケアに関わる仕事です。こういったケア労働は、平均的に低賃金なことも問題視されています。偏っているな、いびつだな、と感じたら、**いちいち突っ込みを入れることが大事だと私は思います。「男ばっかりじゃん」とか。**

子どもと一緒に、間違い探しをするんです。

たとえば、ニュースを見ていて、内閣改造や経団連の面々が報じられるときは、大抵高齢男性ばっかりずらりと並びますから、うるさめに野次ります。情報番組も、女性アシスタントと男性キャスターの組み合わせがほとんどなので、「海外では違うらしいよ。スウェーデンの人がびっくりしてた」などと突っ込みます。

この前、すごくハッとした出来事がありました。

舞妓さんが出てくる作品を子どもと見ていたとき、私は日本文化が好きなので、着物がかわいいなどと好意的に見ていたのですが、娘は「児童労働だよね」「人権侵害だよ。こんな幼い子たちが集まって、お酒を飲んでいる男の人ばっかりの席に行かなきゃいけないのはおかしい」と言いました。

私は「その通りだよね」と子どもの視点に学ばされました。すっごく誇らしかったです。

また、私は性暴力被害者センターやＤＶ相談窓口の短縮番号のステッカーを作って、いろいろな人に配る活動をしています。夕飯の後に封筒にステッカーを入れて送っている姿を子どもは見ているので、「これ何？」と聞かれたときに「これはこういうときに電話する番号で、たくさんの人が被害に遭っている」と説明しました。

その結果、子どもは相談できる場所があるということを知ることができました。

犬山 保護者自身がジェンダーについて学んだり、講演を聞いたり、または性被害に遭った人のための活動をしたり、そういった姿を見せることの大切さがよく伝わってきます。口で説明するのも大切だけれども、保護者の実際のアクションから伝わるものも大きいのでしょう。

タレントで、娘を育てる母でもあるSHELLYさんも、次のように話しています。


SHELLY 私は、人のために頑張ることはすごくいいことだと思っています。だから、LGBTQ+の話はストレートの人たちがするべきだし、女性の話は男性がするべきです。当事者じゃない人が話すことは非常に大事です。

私が想像する将来の当事者は自分の娘なので、絶対に同じ思いをしてほしくありません。同じような環境で、同じようにイライラしてほしくないのです。

もし30年後も同じ状況だったとしても、私は頑張っていたよということを残したいです。だから、自分の言い訳としても頑張れます。

もし私が女の子でなかったら、タレントではなく、弁護士とか科学者になっていたかもしれません。

私は小学校4年生までアメリカンスクールに通っていたとき、「アメリカ初の女性大統領になる」と言っていました。そんなことが言える環境だったのです。

日本の学校に入ってからは、総理大臣になりたいと言ったことも、思ったことも一度もありません。なれると思っていないからです。

日本でびっくりしたのは、将来の夢を女の子と男の子で分けていることです。女の子のランキングには「保育士」「看護師」が並び、男の子は「サッカー選手」「野球選手」です。そう言わなければいけない空気を作っているのは、大人です。

子どもの時期は、これもやってみたい、あれもやってみたいと思う時期なのに、誰かの面倒をみることが何よりも夢というのは、私は疑問です。子どもながらに「ん?」と思っていた記憶があります。

アメリカの有名な実験ですが、幼稚園の子どもたちに「お医者さんの絵を描いてくださ い」「消防士の絵を描いてください」「ナースの絵を描いてください」と言うと、やっぱりみんな、医者=男、消防士=男、ナース=女で描きます。ロールモデルがいないからです。

4　違う価値観を見せてあげる

この本を読む方は、子どもにはジェンダーロールを押しつけないようにしようという気持ちがあると思います。しかし、自分がいくら気をつけていても、周りが、社会が、「女の子だから」を押しつけてくる環境だったら、どうしたらいいのでしょうか。

長田 ジェンダーバイアスでがんじがらめな環境でどうにもならないときは、せめて子どもに対しては、違う世界があることを教えるというのも１つの手だと思います。**コンテンツでも、本でもいいので、ジェンダーや家父長制の呪いから解放された世界を見せるなどして、ずっと浸かっている世界とは違う価値観の場所があることを、具体的に見せてあげるのです。**

そしてそれは、大人たちにも言えることです。日本で煮詰まっているときに、世界のカルチャーや政治がどうなっているのかを知るとヴィジョンが変わったり、希望をもらえたりすることがあります。

たとえば、Netflixで配信されているイギリスのドラマ『セックス・エデュケーション』では、緊急避妊薬を2人で一緒に買いに行くシーンがあります。限られた薬局でハードルの高い試験販売が始まったばかりの日本とはまったく違う世界ですよね。

今いる狭い社会がすべてではないことを知る機会を作るのです。

音声コンテンツつきの本や、ジェンダーの多様性を見せられる絵本などもあるので、無理強いはせずとも、子どもが手に取りやすい場所に置いておくのもいいですね。

犬山 多様な大人に会うのもいいですよね。私は子育て中も女友達とわっはっはっと楽しんだり、助け合ったりして、「いろんな大人がいるんだな」「ママは女友達と楽しそうにやってたな」と思ってもらえたらいいなと思っています。

それは私自身が「女同士はドロドロしていて、損得のない友情なんかない」と刷り込まれ、信じてしまった時期があったから。蓋を開けてみたら、そんなことはありませんでした。もちろん、女同士だからといってすべてうまくいくわけではありませんが、互いの弱さを知り、互いをリスペクトし、相手の幸せを願う関係性があるということを娘に知ってもらいたいのです。

5 ジェンダーギャップを伝えると同時に、自信をつけてあげる

ジェンダーギャップについて、子どもにどう伝えていけばいいのでしょうか。
また、将来に希望を持てるように育てるために、どうしたらいいのでしょうか。

清水 **いまだに日本では、女性や女の子に対して「自信を持っていることはよくない」という風潮があります。その自信とは「自分に自信を持つ」といった抽象的な話だけでなく、たとえば自分の外見や試験でこれができたといった具体的なレベルのものも含まれます。自分に自信を持つことを女の子に許容しない文化が明らかに存在します。**

だからこそ、ジェンダーの話を教えることが重要だと思います。ただ、「こんなに大変なんだよね」と教えるだけでは、そんな環境で生きていけないと感じるかもしれません。やはり、**ジェンダーの話を教えることと自信をつけてもらうこと、その両面が必要だと思います。**

たとえば、大学で教えていると、日本でずっと育って教育を受けてきた人と、海外で教

育を受けた人には大きな違いがあります。それは自信の有無です。日本で育った人は、すごく優秀でも「私はできないから」とまず言う人が多い。とりあえずそう言っておくほうが安全だからですが、そう言い続けると自分に何ができるのかわからなくなることもあります。

それに対して、海外で教育を受けた人はもう少し気軽に、「これがわかります」「これができます」と言います。できない場合もありますが、それでもできると言ってしまうこともある。それは悪いことではなく、むしろよいことだと思います。

何か発言するときも、かなり確信を持ったきちんとしたことでないと、日本で育った女の子たちは発言しません。あとで個別に聞くと、「あなた、全部わかってるじゃん」となるのですが、授業では発言しないのです。

でも、海外で育った人たちは、とりあえず意見を言ってみるところがあります。自信ありげに話すけれど、言っていることがめちゃくちゃな場合もあります。それでも自分の発言する力に対しての自信があるのです。

日本の女の子は、出発点からものすごいハンデを負っていると感じます。一歩下がったところから出発させられている感じです。

そういう状況で育った人たちに対して、今どんなに日本のジェンダー差別がすごいかということだけを伝えても、怖くなってしまうだけです。そして、「いや、私できませんから」とか「前に出るほどじゃないので」と、どんどん謙譲の美徳だけが積み重なっていくのはまずい状況です。

こういう社会はよくないと伝えると同時に、自信を持たせてあげることが大事です。それは学校で「あなたは自信を持っていいんだよ」と一度言ったら終わりではなく、周りのいろいろな大人からのメッセージで積み上げていくものだと思います。

そのうえで保護者が担う部分は大きいです。

「女の子だからあなたはできないよ」とか「女の子は前に出るもんじゃないよ」という価値観がかぶさってくるのを、さりげなく日々の生活の中で取り去ってあげる。

そして「そこは自慢していいんだよ」とか「それはあなた、すごいよ」と伝えていくことが、女の子たちにジェンダーの教育をするうえで重要な側面だと思います。

私たち大人も、30歳になっても、40歳になっても、なんなら50歳になっても、やっぱり認めてほしいのです。大人になると、なかなかほめてもらえなかったりします。育っていく過程で、なるべくたくさん、そのメッセージを投げておきたいですね。

犬山　「女性は堂々と意見を言っていいし、その意見は価値があるし、すばらしい」ということを、日頃から伝え続ける必要があるのですね。と同時に、私も自信があまりないと感じます。まずは、自分を認めるところからなのかもしれません。そのために、大人同士も声をかけ合い、認め合えるとよいですよね。

6 私たちには「性」と「生き方」を自由に決める権利がある

女性は、自分の体のことについて、他者や社会からずっと口を出し続けられています。「恋愛しろ」「子どもをたくさん生め」「会社に迷惑をかけないように生め」。それがあたりまえになると、自分の考えで生き方を決めることに罪悪感を持ってしまうことがあると思うのです。

清水 **SRHR（セクシュアル・リプロダクティブ・ヘルス／ライツ）**を知っていますか？子どもにももちろん大人にも、「性と生殖に関する健康と権利」の概念を知っておいてほしいのです。

たとえば、**いつ誰とどういうセックスをするのか、あるいはしないのか、どういうふうに子どもを産むのか産まないのか、それをあなた自身が決め、しかも自分の健康や幸福、安定した生活を危険にさらさずにその決定を実行に移す権利が本来あなたにあるのです。**

これはすごくシンプルなことですが、それが本当に伝わっていないと感じることが多いです。

このことを知っているかどうかは学歴に関係ありません。たとえば東大の学生や院生でも、感覚としてわかっていないことがあります。あるいは頭でわかっていても、感覚がついていかないこともあります。それでもまずは知ってほしいのです。感覚がついていかなくても、頭でわかっているからこそきっと正しいんだと思うぐらいに知っておいてほしいです。

もちろん、セックスに対して何を気をつけなければならないのかもそうですが、たとえば**誰かを好きになったり、恋人ができたりする、あるいはそうはならない、しないというのがどういうことなのか、自分は何をどういうふうに言う権利があって、何を守りたいのか、なども知っておいてほしいのです。**

また、万が一性暴力を受けたときにどう対処できるのか、誰に相談できるのか、望まない妊娠をしたらどうすればいいのか、出産を望むときに子どもを育てられないかもと思ったらどこに相談したらいいのかなど、具体的な話も知っておいてほしいです。

それは自分のためにも知っておいてほしいし、自分の友達や姉妹が直面するかもしれないし、あるいは恋人が直面するかもしれません。そのために知っておいてほしいのです。

犬山　私自身、SRHRを知ったのは3年くらい前でした。若い頃に知っておけば、「彼にコンドームをつけてほしいけど、嫌われたくないから何も言えない。彼からはつけてくれない」と言う友人に対して、「いやいや、そこを尊重しない彼氏はセックスする権利ないでしょ！」と言えたのに、と思います。

そんなに強く言ったら友人が離れてしまいそうな場合でも、「私はあなたが大切にされるべき人だと思っているから、彼がそういう態度なのはとても悲しい。あなたには自分の体を守る権利があるよ」と言えたのに、と。

そして、性暴力を受けた自分や友人が、「怒る」「相談する」「ケアされる」という行動に出られたのでは、とも思うのです。

7 年齢で区切られたり、年齢にしばられたりしないようにしてあげる

女の子の人生はとくに、「○歳までに結婚」「○歳までに出産」という年齢区切りにしばられています。「売れ残る」といった表現だって、まだまだ過去のものとは言えません。

年齢で制限をかけてくる社会から、どう守っていったらいいのでしょうか。

清水 10代のときに自分がこういう人間かなと思っている自分と、30代で思う自分、50代で思う自分はけっこう違うということを、子どもたちには知っておいてほしいですね。それは必ずしも悪いことではありません。

私たちの社会は、とくに女性に対して、「この歳までに結婚して、子どもを産んで、仕事を卒業して、親の介護をして」と標準化された人生のペースを押しつけがちです。若ければ若いほど、それは圧力としてかかりやすいです。

その圧力を感じて、「今、こんなことをやっている時間はない」「あれをやらなければ」とか、逆に「もうああいうことをするには手遅れかも」と思って、決められたペースに急

き立てられ、合わせるために考えることや試すことをあきらめる必要はありません。

年齢を重ねると少しずつ実感できるその辺りのことも、10代のうちはわからない場合もあるでしょう。もちろん、そうじゃないケースもあるかもしれませんが、**標準化されたペースからずれても意外にやっていけることが多い。**

それを知っておいてほしいのです。そうすると、自分のためにものを考えたり、学んだり、やってみたりする時間が取りやすくなる。それは、日本の社会で生きている女の子たちにとって大事なことだと思います。

犬山 女性の人生を標準化されたパッケージに押し込める圧力を、とくにアラサーのときに強く感じました。結婚したいか、子どもを持ちたいかもいまいちわかっていなかった私も、周りから「アラサーで彼氏もいないのはやばい」「子どもを産むリミットを考えると〜〜」と言われ、その圧力に苦しめられました。

結婚って、結婚したいと思う相手がいて初めて考えることですし、しなくてもよいものです。子どもについても、妊娠についてしっかり知ったうえで、それでも自分がどうしたいかわからなくてインタビューをし、『私、子ども欲しいかもしれない。』という本まで書きました。本を書くくらいもがいて考えて、やっと私にとっての結論が出るようなことでした。

どうにか、娘たちには「あなたはこの標準化されたパッケージの中で生きなさい」「あなたは女性なので子どもを生むべきだ」という圧力を弱めるために、ＳＲＨＲを守護魔法として伝えていきたいと思います。そして、それは娘たちだけでなく、大人も学ぶべきことだと思います。

「あなたはすばらしいよ、あなたの意見には価値があるよ」と伝えながら、娘の人生は娘が決めながら生きていくのを、信用しながら見守ろうと思います。

8 自立した「食べていける」女の子になってほしい？

女性が結婚しなくても暮らせるように、離婚しても自立できるように、自分が生活する分は稼げるようになってほしいと思います。でも、資本主義に向いている要素って、努力でどうにもならないものもある。さらに、女の子は収入格差や雇用差別のある中で、「稼げるように」と願えること自体、特権的であるわけです。

私は今、娘を育てながら「とりあえず勉強はしたほうが好きな職種を選べる確率が上がるかな……でもまだやりたいことが決まっている年齢ではないし……学校の勉強以上の勉強を無理やりさせるのはどうなんだろう。私自身つらかったし……」という気持ちになって堂々巡りです。

清水 難しいですよね。何が稼げるかって、あまり想像がつかないことでもあります。大学院まで行ってすごい研究をしていたり、知識や技術があったりしても食べていけない人たちもいます。逆に、「そんなことがお金につながるの？」と思われていたことをした人が、予想外の仕事で成功することもあります。保護者の想像もつかない職業が生まれて稼ぐこともあるのです。

どこに行っても食べていけると言われていたのは、刃物を使う仕事でしたよね。料理人・医者・床屋です。これらはすべて専門職で、手に職があって、どこの国の文化でもある程度需要があるので、食いっぱぐれないと言われました。しかし、みんながその職に就けるわけではありません。それこそ適性の問題もあります。

そして、本当に何があるかわからないという問題もある。病気や事故、大地震などで、状況がまったく変わってしまうこともありえます。そう考えると、「こうしたら食べていける」という保証は、いずれにしてもないのです。

うまくいかなくなったその時々で、乗り切っていけるような力をどう作っていくのか、ということが重要だと思います。

勉強させていい会社に入れば60歳まで働けた時代は楽だったと思います。しかし、それはもうなくなって久しいですよね。

なので、子どもが勉強したいならどんどんさせてあげたらいいと思いますが、「勉強したら食べていけるようになる」かどうかは、わからないものです。

あとは、お子さんの年齢にもよりますね。たとえば高校生くらいになると、子ども自身が「高校に行く、行かない」「大学に行ったらこういう勉強をしよう」など、いろいろ出てくると思います。その優先順位を考えるときに、保護者のほうが経験はありますから一緒に考えてあげるのは大事だと思います。

犬山 「うまくいかなくなったときに乗り切っていく」ために、行政や周りに頼ること、人と助け合うことなど、孤立しないための術を娘に伝えていきたいと思います。友達を大切にすることや、自分を大切にしてくれる人と友達になることもそうですね。

私の場合、書き物やテレビの仕事に、学歴はほぼ影響していません。この仕事に就けたのは、母の介護の合間(ヘルパーさんが来てくれている時間やきょうだいが介護している時間)に、「好きでやりたいことがそれしかないから、芽が出なくても執念深く書き続けた」ことと、運の合わせ技です。

学歴と稼ぎがまったくつながりがないとは言いませんが、保護者の中でつなげすぎないこと、SOSを出す力をつけてあげることが大切なのかもしれません。

9 子どもで自己実現しないために

娘の勉強や仕事について考えるとき、「守りたい」「苦労してほしくない」という思いと同時に、同性だとなおさら「親の自己実現」が混ざり込む瞬間もあるように感じます。

そのラインは曖昧で、たとえば私は「娘のために」英語のオンラインレッスンを受けさせています。けれどもそこに「私も英語が話せるようになりたかった」「世界に出て仕事をしてみたかった」という気持ちがまったくないとは言い切れません。

エスカレートした「子どものために」が、教育虐待につながった事件は多数あります。そうならないために、どう考えたらいいのでしょうか。

上野 私はつくづく思うのですが、親というのは残酷な存在ですね。子どもがテストを持って帰ってきて「100点取ったよ」と報告したら、親はなんて言うと思いますか？「あら、よかったね。次も100点取れるように頑張りなさいね」と言うんです。この怖さを、親たちは自覚しているでしょうか？

子どもは「やっとの思いで頑張って取った100点なんだよ。次も取れる保証なんてないんだよ」と言いたいはずです。子どもを叱るときも「これくらいできて当然でしょう？何度言わせるの？」という言い方がありますよね。とくにエリートの親ほど、自分ができることは子どももできてあたりまえだと思う傾向があります。

ブランド大学卒業生のカップルは、子どもが親のレベルに達するのがあたりまえ、そのうえそれを超えてほしいと願います。親の学歴を子どもが達成する確率が100％だと思いますか？　もちろん違います。では、できなかった子はどうなるのでしょう？

親は子どもが複数いると比較してしまいます。人間は比較をする生き物ですし、無意識に序列を作り出して口に出してしまう。それが子どもに対しても表れますよね。「お兄ちゃんはできたのに、なぜあなたにできないの？」と。

子どもは親から比較され、自分自身でも比較をしてしまいます。それがエリートの子どもたちに多く見られます。狭い基準で「だめだ」と言われ続けたら、心が追い詰められてしまいます。

比較自体は悪くないのです。問題は親が一元的な価値観で序列をつけることです。そして、その背景にはネオリベラルな価値観があります。**「あなたのために」と言いながら、競争に勝ち抜いてほしいと願っている。**

限度を超えると、今は「教育虐待」という名がつきます。「あなたのため」という虐待です。そして、その子どもたちが悲鳴を上げて、逃げ出して、作り出した言葉がAC（アダルトチルドレン）や「毒親」です。

しかし、親はそう思っていません。「子どものためにこれだけ頑張ったのに」と思っているのですから。

たとえば、もし自分の子が働くことが難しい障がいを持っていたらどうしますか？　障がいを持つ子や、不登校で自分を追い詰める子、リストカットをするような希死念慮を持つ子たちの親は、さまざまな葛藤を経て、最後には「何があっても生きてさえいてくれれば」と言いますよね。子どもについては、私はいつもそう思っています。

犬山 本当に。生きていてほしい、これが一番です。自分の価値観が、自己責任論の影響が大きいのだと今わかりました。

続いて長田さんにも話をうかがいました。

長田 子どもで自己実現しないということは、すごく気をつけています。理由は簡単で、子どもは自分とは別の人間で、別の人生があるからです。子どもで自分の夢を叶えたり、自分ができなかったことを子どもに背負わせたりするのは、私は好きじゃない。**子どもに背負わせるくらいなら、自分のできる範囲で夢に近づけることをやればいいと思います。**

また、育て方次第で子どもが何にでもなれるという理想も捨てたほうがいいかなと思います。いい肥料と土を与えたら、いい野菜が育つという感覚ですよね。親がカボチャだから子どももカボチャだと思っていても、ニンジンかもしれないし、全然違う野菜が育つかもしれないのですから。

その線引きは、自分の人生に悔いがある人ほど気をつけなければならないと思います。だから「○○ちゃんは頭がいいから、将来はお医者さんになりたいのよね？」のような誘導尋問をせず、その子が今何に興味を持ち楽しんでいるのかを、干渉せずに見守ってあげたほうがいいですね。

私はよく子どもにインタビューをしてみます。子どもがアイドル好きなら、「そのアイドルのどのメンバーがいいの？　なんでいいの？」という具合に。子どもが好きなものや、こういうふうになりたいという憧れの気持ちを大事に、ちょっとだけシェアしてもらって理解しておくくらいがちょうどいいんじゃないでしょうか。

中学受験が白熱している地域に住んでいるのですが、家に遊びに来た小学生が七夕の短冊に「克己」と書いて驚いたことがありました。「克己」というのは受験塾の先生に教わったスローガンで、その子たちは休日や睡眠を削って勉強していました。本人は望んで頑張っているのかもしれませんが、私、**「おのれに勝つ」よりも、おのれと仲よくして、おのれの心が何を求めているかに気づける力を、子どものうちに育てる必要があるんじゃないかと思います。**

今の日本の受験ビジネスを中心とした教育への投資や過剰な期待は、今やりたいことを全部我慢したら将来に素敵なことが待っているという、「この頑張りはいつか報われる」という考え方を植えつけてしまいます。自分の楽しみを先延ばしする癖をつけさせてしまいます。

習い事にしろ勉強にしろ、親と子がお互い楽しくやれているならいいと思いますが、自分の期待通りにならないとイラっとしているなら、それは過剰になっているサインだと思います。

私自身も中学受験をさせられましたが、遊びたい盛りの時期に追い立てられて詰め込んだ勉強よりも、自分で決めた目標に向かって知りたくてした勉強のほうが楽しかったです。親から勉強しろと言われても、やりたくなるわけがないし、むしろ好きなものも嫌いになっちゃう。子ども時代に詰め込んで勉強せざるを得ない、同調圧力と受験ビジネスにまみれた社会構造がおかしいと思っています。

犬山　子どもの意思を尊重するというシンプルなことのはずが、そこに社会構造の歪みが加わると一気に複雑になります。勉強だけでなく、子どもの夢に対してもそう。子どもの「やりたい」を素直に応援したいけど、難しさもありますよね。

寄り添うだけではなくて、子どもに興味を持って知ろうとすることの大切さ。幼少期からあたりまえのように自分の好きなものに対して興味を持ってくれる保護者なら、思春期になっても将来やりたいことを話してくれることもあると思うのです。

10 パートナーに追い詰められてほしくないから

子どもには幸せになってほしい。DVやハラスメントの被害に遭ってほしくない。そう願いますが、その可能性をゼロにすることもできません。

子どもがもしパートナーを持つのであれば、保護者に何かできることがあるのでしょうか。

清水　娘さんがどなたかとパートナーになるとして、その恋人が女性でも男性でも、大切なことは同じです。**保護者や、近しい年上の人からメッセージとして出せることがあるとすれば、「こういう相手を選びなさい」とか「こういう人を選んじゃだめですよ」ということよりも、まずその前に、どうやって自分を大事にするかということです。**

自分を大事にできていれば、私という人間の中核を成す大事な部分、自分自身にとって大事だと思える部分に敬意を払えない人とは一緒にいようとは思わないですよね。

たとえば、パートナーシップにおいて相手を優先させる局面はもちろんありますが、根本的なところでは相手を優先させる必要はなく、「ここは自分にとって絶対に譲れない」と思うところは優先していい、ということは伝えたいですね。

それはキャリアでも、技能でも、才能でも、なんでも構いません。「私のこの美貌」でも全然構わないわけです。**それが自分にとってすごく大事なところであるならば、それは優先すべきです。「私はここに自分の才能や魅力があると思っている」「磨いてきた技術があると思っている」ということを、捨てないことが大切です。**

もちろん、それが簡単にできない場合もあります。とくに女性の場合、譲ることが美徳と思われがちなところがあります。でも、そこは自分が一番でいいからねと伝えたいです。

犬山　まさに、自身の大切なものを理解している友人は、ハラスメントを受けたときに「おかしい」と思えて、その場から立ち去ることができていました。

そういうパートナーを寄せつけさせないのは難しいですが、自分の中の譲れないことは譲らなくてよい、と娘に教えることはできるはず。保護者自身の譲れないものは何なのかも、同時に考えられるとよいと思います。

11 社会に対して、私たちができること

私たちが、子どもたちのため、自分たちのために、女の子が差別されないよう、社会へ働きかけることが大切なのは言うまでもありません。では、どのようにすればいいのでしょうか。

以前、清水先生のトークイベントに参加した際、「小さなアクションをたくさんの人がやっていくことが大切」だと話されていました。

清水　数がある程度集まって、「これはおかしいよね」と言っていかないと、多分変わらないですし、そうしないと次の世代も同じことが繰り返されてしまうと思います。その活動というのは、本当にいろいろあります。

お子さんの話でいうと、ご自分の子どもやその友達に、たとえば「女の子だからこうじゃなきゃいけないよね」と言われたら、「いやいや、そのままでいいよ」と言ってあげるとか、「あなたが選ぶそういうのもありだよ」と言ってあげることも十分1つの変化になると思

います。

子どもの頃にかけた多くの言葉は忘れられてしまうかもしれませんが、意外な言葉を子どもは覚えていたりもします。そういう覚えている断片が積み重なって、次の時代に変わっていくための1つのアクションになるのです。

もちろん、選挙に行くとか、知り合いと話をするとか、職場や地元のコミュニティ、PTAなどで違和感を覚えたときに、「ちょっと私はそうでもないかな」と言ってみることも大事です。

常に全力でけんかしながら生きていくのはすごくしんどいので、そこまでしなくてもいいと思いますが、**「私はこんなふうに思うかな」と言ってみるとか、明らかにおかしいことや間違った情報を広めている人がいたら「でもこういう情報があるよ」と口を出すことも十分にアクションだと思います。**

もちろん、それを超えていろいろできる方は、デモに行くとか、請願書を書くとか、パブリックコメントを短くても出すとか、そういうものもアクションです。

でも、本当にそれだけではなく、日常で何を言っているか、どういうメッセージを出しているかというのが、すごく大事なところだと思います。

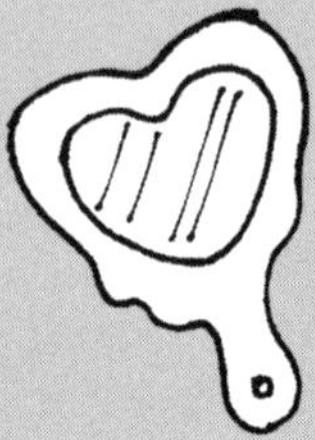

3章

押しつけられる「美」より、自分の美しさに気づいてほしいから

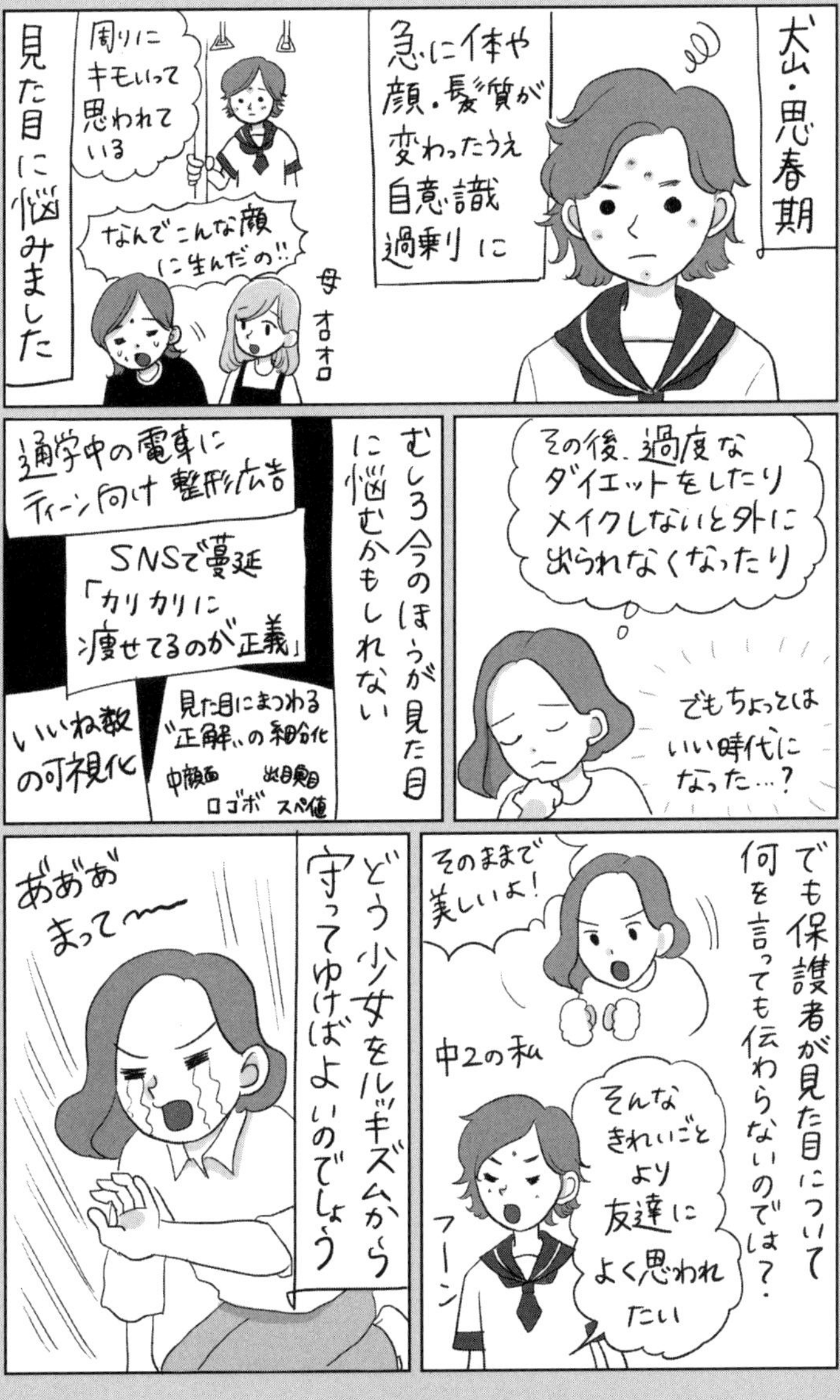
犬山・思春期
急に体や顔・髪質が変わったうえ自意識過剰に
見た目に悩みました
周りにキモいって思われている
なんでこんな顔に生んだの!!
母
オロオロ
その後、過度なダイエットをしたりメイクしないと外に出られなくなったり
でもちょっとはいい時代になった…？
むしろ今のほうが見た目に悩むかもしれない
通学中の電車にティーン向け整形広告
SNSで蔓延「カリカリに痩せてるのが正義」
見た目にまつわる"正解"の細分化
中顔面
出目奥目
ロゴボ
スペ値
いいね数の可視化
でも保護者が見た目について何を言っても伝わらないのでは？
そのままで美しいよ!
中2の私
そんなきれいごとより友達によく思われたい
フーン
どう少女をルッキズムから守ってゆけばよいのでしょう
あああまって〜〜

学生時代、私は見た目について思い詰めていましたし、無理なダイエットもしました。

思春期は見た目に関する劣等感の塊で、「なんであのかわいい子たちと私はこんなに違うんだろう」と悲しくなり、親に「なんでこんな顔に生んだの」と泣いて訴えたこともありました。

この苦しさは人と比べてどうという話ではなく、「私は本当に苦しかった」という話です。

40代の今は、あの頃に比べてずいぶん楽になりました。自分の顔、すべてがお気に入りというわけではないけれど、「納得している」「許している」という感覚が強いです。

しかし、SNSを開けば、そこには私が思春期だった頃よりもひどくなったルッキズムが蔓延していて、電車にはティーンズ整形の広告があたりまえのようにあります。それは「あなた二重じゃないとかわいくないよ」というメッセージとなって、通学中に目に入ってしまうものです。

ルッキズムに対抗するには、多様な美を感じられる心を育てる必要があります。私が40代になって楽になったのは、心が成長し、私がどんな見た目でも態度の変わらない友人がいるからだと思っています。

ただ、新たなシワやシミを見つけたらショックを受け、受け入れるのに時間がかかります。

子どもには、多様な美しさを感じる心を育ててほしい。

この強烈なルッキズムの嵐の中、綺麗事で終わらずに、子どもにどう伝えていけばいいのでしょうか。

1 幼少期から見た目の呪いにさらされてしまう

いつから見た目について悩むのか。それは人それぞれですが、幼少期、未就学児の段階ですでにルッキズムに傷つき、苦しむケースもあります。

また、子どもだからこそ、相手を傷つけることを言ってしまうこともあるのです。周りの大人や社会に影響されやすい子どもの言葉は、社会の映し鏡でもあります。

そして小さな頃に言われたことであっても、つらかった経験はずっと心に残るケースもあります。この章では、プラスサイズモデルとして活躍する吉野なおさんにお話をうかがいました。

吉野 一番初めに体型について言われたのは、保育園の頃でした。**4歳くらいの頃、全体集会のような場で、上の学年の男の子に「あの子、デブ」と言われたのです**。自分が太っているとは思っていなかったので、びっくりしました。笑われて、周りにいた先生は「やめなさい」と止めてくれましたが、この経験は今でも覚えています。その頃から自分の体型が気になりはじめました。

でも今見ると、普通体型なんですよ。確かに顔がちょっと丸かったりしますが、そのくらいのことです。

その後、保育園で行われた保護者と一緒に遊ぶ会で、他の子のお母さんの膝の上に座るときに、私は自分の体重が重いから迷惑をかけてしまうと思って、腰を浮かせていたんです。

小学校に上がってからは、実際に少しずつぽっちゃりしてきました。男の子からは体型を揶揄するようなことをけっこう言われましたが、女の子の友達は言ってきませんでした。でも、公園で知らない女の子が「体重何キロ？」と声をかけてきて、答えたら「そうなんだ」と言って元いたグループに戻って、コソコソと「あの子、○キロなんだって」と笑っていました。そういう、傷つく経験が何度かありました。

小４くらいのとき、学校の先生にも言われたことがあります。女性のぽっちゃりした先生で、自分も嫌な思いをした経験があるのか、「このまま太っていると、まずいことになるぞ」とお説教されました。

犬山 思春期を迎える前にこれだけのことが起こりうるんですよね。

つらいのは、子どもからだけでなく、大人からも「よかれと思って」の加害があることです。先生からそれを言われてしまったら、「自分の体はよくない状態なんだ」という思いは強固になってしまいますよね。

2 子どもがダイエットをしたい心理を知る

子どもがダイエットを始めたとき、どう接したらいいのでしょうか。吉野さんはどう接してほしかったですか？

吉野 **「どうして痩せたいの？」と理由を聞いてほしかったです。**

「あなたのままでいいんだよ」と言ってくれる人もいますが、状況によっては、このままだと友達に体型をいじられるから痩せたいと思っていることもあります。

たとえば、「K‐POPの○○ちゃんみたいになりたい」という理由があったとして、「そうすると何がいいの？」と聞くと、「人から注目されたい」など他の欲求が隠れていることもあります。痩せた先に何を見ているのかを知ることが大切です。

ダイエットをするのは、社会からの影響もありますが、現状うまくいってないことがあってそこから抜け出したいというパターンもあります。たとえば、おうちの中の居心地が悪く、「私が痩せていい子になったら、お母さんとお父さんがほめてくれて、仲よくしてくれるかも」と思っている場合もあります。

また、**見た目に悩みすぎてしまう人は、ほぼほぼ対人関係も悩んでいます。**対人関係がうまくいかないから、自分の見た目をよくすれば気に入られると思ってしまうのです。「太っていると人に嫌われるから、痩せていないといけない」という思いにとらわれて、体重を減らすことが生活の中心になってしまうと、本人ですらそれをやめるのが難しくなってしまいます。見た目の変化はすごくわかりやすいしよく見る成功体験だから、痩せることに気軽に憧れてしまうんです。「見た目を変えれば、私のこんな人生が変わるんじゃないか」と思ってしまう。でも実は、そのつらい状況を変える方法は他にあったりします。

子どもがダイエットしたいと思っている根本理由を見極めていくことで、見た目についての執着がちょっとずつ減っていくと思います。

犬山　ヒアリングから、本当は何に悩んでいるのかが見えてくるのですね。「友達が体型をいじってくるのが嫌だ」という理由の場合、問題は体型ではなく、いじる側のコミュニケーションの方法です。「意見を押しつけずに、まずは話を聞く」が大切。

3 見た目をほめることも悪影響になる

未就学児がストレートに見た目について言うのには、私も遭遇してきました。「○○ちゃんのママってなんで太ってるの?」「あの先生ハゲてる」など、子どもは素朴に言うんですね。保護者がいくら気をつけていても、社会や見ている動画からそういう価値観を吸収してきます。自分の娘が傷つけられるかもしれないだけでなく、娘が傷つける側にもならないようにしたいものです。保護者として何を言えるのでしょうか。

また、ほめる文脈で子どもの見た目に言及する大人が多いとも感じています。

吉野 ひとことで解決できるような、魔法の言葉はないですよね。

子どもがギョッとするようなことを言ったときは、事情を聞くことが必要だと思います。たとえば「なんでそう思ったの?」って聞く。

「痩せたい」と子どもが言ったら「なんで痩せたいと思ったの?」って聞く。以前フォロワーの方から聞いた話ですが、保育園児の娘さんに「痩せたい」と言われて「なんでそんなこと言うの?」と聞いたら、「保育園の先生が痩せた子をほめるから、私もほめられたくて痩せたい」と、原因が発覚したそうです。「○○ちゃん、ほんと脚が細くて綺麗だね」とか。だから、**そもそも人の体型や容姿について評価するのはよくないよね、ということを伝えていきたいですね。**

子どもに対してだけではなく、たとえばテレビに出ているタレントに「またこのおデブちゃん出てるよ」と言ったりすること、ありますよね。または、ぽっちゃりした人がスタバでフラペチーノを飲んでいるのを見て「あんなの飲んでるから太るんだよ」と言ったり。子どもに向けた言動ではなくても、そういう価値観に晒されることで、子どもは「痩せなきゃ」と思ってしまいます。

犬山　先生は「ほめているからいいだろう」と悪気なく言ってしまう、今もよくあるケースだと思います。その子が自分で選択した髪型や服装などをほめるのはいいことだと思いますが、顔立ちや体型などその子自身が選べないものには言及しないことが徹底されてほしいです。

子どもを揶揄していないからいい、ではないんですよね。「痩せなきゃ」とも思ってしまうし、「ああやって人を見た目で判断していい」という悪い学習もさせてしまう。保護者、先生世代がまずは自分の中のルッキズムを見つめる必要があると思います。

また、子どもが太っていると、保護者が子どもを管理できていない、という風潮もなくなってほしいと思います。

4 子どもが見た目について言われていたら、どう守る？

とくに女の子は、生まれた瞬間から見た目で評価されています。社会や大人たちが無意識に植えつける見た目の価値観が、子どもたちにどのような影響を与えるのでしょうか。

また、見た目に対する評価や偏見に対して、保護者としてどのように対応するのか、そして周りの大人たちが果たすべき役割について考えます。

SHELLY　1人目が生まれてまだ赤ちゃんのときに「美人さんだね、将来お金持ちと結婚できるよ」と電車で知らない人から言われました。**そのとき、私は（赤ちゃんに話しかける形で）「中身で勝負するんだよね〜」と返事をしましたよ。**相手は「えっ、ああ……」という反応でしたけれど（笑）。

そういう経験から、「ああ、女の子って生まれた瞬間から、あなたの役目は女の子で、あなたの価値は見た目にあって、あなたは愛嬌・愛想で生きていくのよ」ということを、こんなに早くから植えつけられるんだって知りました。

「よかったね、二重で」と言われることもあり、一重だったら駄目なのかと疑問に感じました。勝手な価値観で子どもの良し悪しを決めつけるのはやめたいです。

50年前のアメリカで「茶色い目と青い目の実験」が行われました。目の色で待遇を変えることで、普段仲のよい生徒たちが差別的になる様子を観察するものでした。私たちは今も変な価値観を子どもたちに植えつけていて、いじめ問題が起きたときに大人が頭を悩ませますが、根源を作っているのは大人たちです。

以前、元夫が冗談で「脚が長くまっすぐになるようにマッサージしようね」と言いました。私は「そういうこと言わないで」と何度も話しました。**見た目のネガティブなことは社会から嫌というほど入ってくるので、せめて私たち保護者だけは「あなたは完璧なんだよ」と伝えたいです。**友達や家族が言ったとしても、すぐに注意します。

しかし、会社の上司や義理の両親など、言い返しにくい場合もあります。私は、電車で知らない人に言ったように「中身で勝負するからいいんだよね～」と少し冗談っぽく言うようにしています。否定されたときに誰にも守ってもらえないと、それがさらなる傷になり、子どもはその人が言ったことを「正しいんだ」と思ってしまいます。周りに「人の見た目の事を言うのはおかしい」と言う人がいれば、そこまで傷にならないと思うんです。

また、**保護者が謙遜のつもりで子どもを下げるケースもよく見受けられます。**「うちの子はほんとかわいくないから」などと謙遜風に貶すことです。中野信子さんに相談したところ、「日本人は自分の子どもを自分の延長だと思っている。だから、子どもをほめられることもこそばゆい」と言われました。それがすごくしっくりきたんです。

犬山「あなたは完璧なんだよ」「あるべき姿で生まれてきていて、これが正解」と自分の保護者が本心から思って伝えてくれていたらどれだけ心強いでしょう。そして、ルッキズム発言を受けたらその場で訂正してくれる。

私自身、「私は紙子ちゃんの顔すごく好きだよ」って言ってくれていた叔母の言葉を今もお守りのようにしています。子どもが傷つけられたとき、大人は自分の立場よりも子どもを守るほうを優先したい。どうしてもその場で言えない場合は、こそっと子どもに「そんなことないよ」「見た目のこと言っておかしいね」と耳打ちをするとか、とにかく「誰も味方してくれなかった」と思わせてしまうことを避けることが大切ですね。

5

「見た目のこと、気にする必要ないよ」が思春期の子には伝わらないジレンマ

私自身、思春期は見た目について一番悩みました。クラスにはヒエラルキーがあり、かわいい子は人気者。そして、好きな人が好きなのは自分ではなく、そのかわいい子だったりします。思春期は世界が学校と家くらいの狭さであることも多く、見た目は死活問題でした。

広告には目がぱっちりした痩せた女性。肌にニキビはないし髪もサラサラで顔が小さい。社会に触れるようになってからずっとずっと「女性の正解」を目にしてきました。いくら家で「かわいいよ」と言われても、社会で友達や好きな人にいいって思われたいのです。

吉野 中学に上がると、直接の批判ではなく、間接的なものになってきます。

体が大きくなるので、自分のサイズの服がお店で売ってなくて困ることもありました。痩せている子がモテる一方で、私は恋愛が全然うまくいかなかったりします。モテや恋愛がからんでくるので、「人に認められたい」気持ちがどんどん強くなっていきます。

そして、**恋愛がうまくいかないのは見た目に問題があるからだと思うようになりました。**

友達は「あなたは1人じゃないよ」と励ましてくれましたが、その友達はモテる子でした。私と一緒に遊んでいるときに、その子だけナンパされることもけっこうありました。そういう中で、見た目のコンプレックスはどんどん大きくなりました。

犬山 恋愛を通して自分の見た目を責めてしまうこと。これはルッキズムと恋愛至上主義の社会にも責任があるでしょう。「人に認められたい」「恋をしたい」と思う気持ちは何も間違っていません。それに対して社会が提示してくるのが、「じゃあ痩せてかわいくなりましょう」というメッセージです。これが子どもを追い詰めるのです。

長田 「自分の姿はこのままではいけないかも」と思わされる瞬間ってありますよね。

私は小学4年生の頃に、すね毛が気になるようになりました。「毛が生えていることは元気ですばらしいことなんだよ」と大人になった今は思いますが、まだ社会全体がそう思っているわけではありません。

親としては、娘の悩みになるべく寄り添うようにしています。最近、娘も毛を気にしだしたので、「そのままでも超素敵で好きだけど、悩んでいるなら一応こういう選択肢もあるよ」と、安全な毛の処理方法を伝えたりします。

見た目偏重の社会に丸腰で出て行って傷つかないためには、やはりある程度の前知識が必要だと思います。**「社会にはルッキズムというものがあります」とか、「本当はいろいろな人が自信を持っていいんだけど、こういう人しか自信を持っちゃいけないみたいにされている」といった前提を伝えます。**そういう社会のおかしさを伝えて、構造的な問題を共有することが大切です。そのうえで、現実的な悩みに寄り添うようにしています。

ルッキズムから離れられる場所があることが大切なので、家がセーファースペース（自分らしくいられる安全な場所）であるようにしたいと思っています。容姿ではなく、ただ人として尊厳が認められる場所は、子どもだけでなく大人にも必要だと思います。

犬山　自分の顔を好きになれなくとも、「ああ、なるほど、私のこのつらさは社会のルッキズムのせいなのか」と、自分を責めないでいられるようにすることがまずは必要なのですね。

6 見た目の呪いを押しつけてくる社会に問題がある

ルッキズム溢れる社会の中での子どもへの寄り添い方について、もっと深く考えてみたいと思います。

清水 ルッキズムは難しい問題ですよね。どうすればいいのか、答えは簡単には見つかりません。見た目の良し悪しというものが、とくに女性に対して大きな負荷をかけてきました。そしてルッキズムの中での見た目の良し悪しの基準自体が、他のさまざまな要素と関わっています。

たとえば、東洋人の体形よりも西洋の人の体形のほうが頭が小さくて手足が長いので好まれるとか、肌が黒いよりも白いほうがいいとか、二重まぶたがよいとされるなど、人種の問題も入ってきます。同時に階級の問題でもあります。センスがない、だらしないと言われる服装は、しばしば経済状態や社会階層が背景にあります。階級制度が厳しかった社会では、階級によって着ていいものが決まっていました。そういう問題も絡んでいるのです。

障がいも同様です。「これが普通の顔だ」というイメージがあり、そこから外れる配置や形状、色合いや動きなどは、変だとか美しくないと考えられることがあります。ルッキズムは本当に多くの問題が混じり合っているのです。それを全部、自分１人で克服するのはすごく大変です。

たとえば、「そんなに痩せる必要はない」とか、「人間は見た目じゃないんだよ」なんて言葉、15、16歳時の私なら、耳を貸さなかったと思います。そういう発言は正しいけれど、私たちが生きる文化の価値基準からすれば嘘に聞こえる。社会からのメッセージのほうが強くて、それに反する言葉は真実味がない。「見た目にとらわれるべきじゃない」という建前は15、16歳でもわかっています。でも、実際はそれが大事でしょ、と感じてしまう。

私たちの文化は、女性はこうであるべきだという強い要請を常に発しています。その要請は、実は強制力を持っています。「きちんとお手本のようにかわいくふるまわなければだめだ」「二重で痩せていないとだめだ」と感じるのは、そうでないと社会的、文化的なコミュニティの中で不利になるからです。さまざまな文化的な要請の中で、とくに女性については外見に関わるものが非常に多いのです。

つまり、**気にしてしまうのは当然で、文化がそれを強く要請しているのです。それに従**

わないと実際に不利になることもあります。「そんなのは嘘だよ、気にしなくていいよ」と言うよりも、「そうだね、不利になるよね」「気にしてしまうのも当然だよね」と認めることから始めるべきではないでしょうか。

　つまり、「ルッキズムにとらわれるべきではありません」と言うのではなく、私たちはルッキズムにとらわれざるを得ない状況にあるということを理解することが大切です。それがルッキズムなのです。その理解のうえではじめて、そんな状況はおかしい、という話ができる。

犬山　これは、大人になった保護者自身にも必要な言葉のように思えます。ボディポジティブでいたいのに、見た目が気になる、白髪が気になる、シワやたるみが気になる。それは、女性は若く美しいことに価値があるとされている社会だから。

　でも、そう思わされている原因は社会にあると知れば、自分を責める苦しさから解放されますね。社会が「これが美しいですよ」と求めているもの以外にも、多様な美しさを感じられる心を育てていきたいと思います。

7 多様なコミュニティがあり、それぞれの美しさがある

ルッキズムにとらわれざるを得ない社会で追い詰められないためには、自分の心を育てることが大切だと思います。社会が押しつけるもの以外の多様な美しさを知り、それを感じる心をどう育てたらいいのでしょうか。

清水 同質性が高い人が集まったコミュニティの中にだけいると、外の人たちが何を魅力にしているのか、あるいは何が魅力でありうるのかがわからなくなっていきます。

しかし、**コミュニティをいくつか持っていると、違う魅力を感じることができます。そして、その人はコミュニティの中に違う価値観を持ち込む人になれるのです。**

たとえば私の経験では、性的マイノリティのコミュニティの中で培われてきた価値観があります。英米のレズビアン文化の中には、「ブッチ」と呼ばれるタイプの人たちが伝統的に存在します。男性的な格好をして、髪の毛もすごく短く、ズボン以外は穿かないタイプ。私は、その人たちの魅力が最初はわかりませんでした。

しかし、イギリスに留学したとき、ブッチの人たちがいっぱいいて、「ブッチの人たちのあそこがかっこいいよね」「ああいうのが本当にしびれるよね」といった話を、コミュニティの中で他の人たちから聞きます。それを聞きながら見ていると、「なるほど、今まで見えていなかった魅力が見える、確かにあれはかっこいいね」と見方が変わりました。それは、いいなと思うものが増えた体験でした。

子どもや若い人だけでなく、自分が最初に与えられてきたものとは違う美しさや、違うもののよさが見えてくるというのは、何歳になってもあるのではないかと思います。

だから、**世間の価値観と違うものをよいと感じている人たちに、その魅力を一生懸命聞くことはよいことだと思います。**それは、逆に自分にも戻ってきます。1つのものだけがいいと思っていても、その基準が1つや2つではなくなると、「私は△△はだめだけど、〇〇があるからいいかな」というように、自分に対してのネガティブな感覚も少し緩和されるように感じます。

コミュニティや多様な価値観について、アメリカ在住で小児精神科医の内田舞さんもこう語ってくれました。

内田 アメリカでもルッキズムの問題は大きく存在します。変革の1つの要因になっているのは、人種の多様性かもしれません。欧米からの移民が原住民を圧迫し、奴隷制度もあったアメリカでは、長年「白人の顔が美しい」とメディアも広告も示し続けてきた歴史がありました。

しかし、どんなに「これが美しいものですよ」と提示されても、みんなが白人の女の子になれるわけではありません。

近年、人種差別への理解が進み、有色人種の人権も尊重されてきた中で、「美」の認識に関しても、「白人＝美」と提示されること自体が人種差別だと議論されはじめました。黒人も、ラテン系も、アジア系もいて、白人には絶対になれません。人種の壁があるのです。

そのため、**白人至上主義の中で提示される美だけが美ではないと、提示されたものに対して「そうじゃない」というエネルギーを示してもいい自由が生まれはじめている**気がします。

アメリカでは、ファンデーションも「自分に合うものを」と言われるようになりました。昔は黒人の方が使えるファンデーションが非常に限られていたり、アジア人向けには白人に近づくような美白製品が出たりしていました。しかし、「いやいや、そうじゃなくて、自分の肌の色をもっと祝えるようなファンデーションを使おう」と、ファンデーションの色のバラエティーが増えました。ちなみにクレヨンの肌色も、ダークなブラウンからすごくピンクっぽいものまでさまざまあって、それが全部クレヨンボックスに入らないため、肌色クレヨンが特別にボックスで売られています。

エネルギーを持ってステージに上がってくれた人には、賛同者がついていきます。たとえば、黒人のビーナスとセリーナのウィリアムズ姉妹がテニスで活躍しはじめたとき、それまでのテニスが持っていた、王家の人たちや白人の人たちが華麗にプレーするスポーツというイメージを大きく壊しました。ウィリアムズ姉妹は筋肉質な女性で、テニスのプレーとしても技術だけでなくパワーがあります。ビーナス・ウィリアムスは髪の毛にビーズをつけるブレイド（編み込み）ヘアスタイルで、黒人としての美を前面に出し、黒人らしさをまったく隠さず、自分のファッションセンスを楽しんでいる姿を見せていました。それが今までとくにテニス界には見られないものでした。そういう新しいものを提示してもらえると、「そうだよね」と続ける人が現れるのです。

また、私はこのように時代によって社会の美の認識が変化していく様を見て、**「何が美しいか自体が時代や国によって変わるものなのであれば、自分は外から提示された美を追い求める必要はない」と思えるようになった気がします。私は私らしくしていればいいと。**

対して、日本のホモジニアスな（同質性の高い）社会では、大きく衝撃を与えるようなものが出にくい構造があります。しかし、大きく動かせないのであれば、子ども時代の家庭や学校の中で少しずつ動かすしかないと思います。だからこそ、会話は大切なのです。

犬山 私がルッキズム、エイジズムから少しでも楽になれたのには、多様な人の在り方を見て、その佇まいを賞賛する人たちの言葉を聞き、自分の中でも言語化したことが大きく関係しています。多様な姿の友人を心から美しいと思ったときに、私の中で美の世界が急速に広がりました。

娘には多様な人と出会って、その人のどういう在り方を素敵だと思うのか、そしてそれを伝え合える関係性を育んでほしいと思います。互いを素敵だと伝え合える友人がいることは、生まれてきてよかったと思える瞬間が多く訪れることだと思うのです。

8 子どもが整形したいと言ったら

インスタグラムを開くと整形手術の広告が目に入り、X（旧ツイッター）を開けば整形アカウントの情報が目に入ります（整形アカウントが悪いというわけではまったくありません）。通学中の電車には「ティーンズ脱毛」や「高校に入る前の二重手術」といった広告が貼られています。

「子どもがもし、整形したいと言い出したら？」について、臨床心理士のみたらし加奈さんにお話をうかがいました。

みたらし **もし10代の子どもに二重整形したいと言われたら、まずはなんでそう思ったのかを聞きます。整形が根本的な解決にならない場合もあるからです。**だから、それをまずヒアリングします。そのうえで、確かにその子にとって整形という方法が問題解決になると保護者が判断できるのであれば、「ちょっと待ってみて」と言います。「あなたの顔は18歳まではすごく変わっていく。今、かわいいと思っているスタイルも、20、30代になったら変わるかもしれない。顔が完成するまで、待ってみたら？」と待ったをかけます。
「それでもまだしたいとか、20代になってもやっぱりしたい、しなきゃ無理だ、死んじゃいたい気持ちになると思うなら、お母さんが一緒に行く」と言ってあげると、少し安心できるかなと思います。
さらに、危険性については保護者がしっかり学んでおくことが大事です。たとえば鼻には大事な血管が通っているので、異物混入で失明する危険性があります。そういうリスク説明はしてあげたほうがいいです。今、プチ整形という呼び方があるくらい簡単に整形できると思われがちですが、そういう知識を保護者が持っておくだけで、子どもは寄り添ってもらえていると感じると思います。**主観でYES・NOや善悪を白黒つけるのではなく、その子のゴールを理解したうえで寄り添いたいです。**

続いて長田さんはこう語ります。

長田 子どもが整形したい気持ちを持ったとき、頭ごなしに否定はできません。でも、「整形しなければいけない」と子どもに思わせる、そういう圧をかける社会やビジネスには一生懸命反対して変えていきたいです。

社会構造には抵抗しながらも、子どもとは一緒に迷い、相談し、様子を見ながら決めたり、急がずに先延ばししたりすればいいと思う。**社会に対して投げた石を、自分の娘に投げることはありません。**

犬山　整形について、答えはないと思います。整形は絶対に悪いとは言えません。でも、子どもが「整形をしないとつらい、自分は醜い」と思ってしまうのであれば、それは社会のせい。子どもの「整形したい」という気持ちの奥底には、もしかすると違う気持ちがあるかもしれません。「1人でもいいから私のことを見てほしい」とか、「何をやっても自分はだめだと思ってしまう、それは容姿のせいだと思う」かもしれません。寄り添いながら、ヒアリングをすることの大切さを感じます。

私自身、思春期に何度も二重整形をしたいと思い悩みました。誰にも言えずにその気持ちを抱えていましたが、メイクを覚えたことで明るくなれて、友達とも楽しく外出できるようになり、悩みが薄れたことを覚えています。その後、「メイクで周りをだましていることになるのでは」「すっぴんになるのが怖い」という悩みに変わっていきましたが、今では「自分の美意識をメイクで表現した顔も、本当の私の顔である」と心から思うようになり、もうその悩みもなくなりました。

9

摂食障害へ追いこむ呪い、気づくきっかけと回復

恋愛とルッキズムは切っても切り離せません。見た目に悩んでいる女の子は、「俺の思い通りになる相手だ」とモラハラをする人のターゲットにされることもあります。体重を気にしていた吉野さんの恋愛、彼氏はどんな感じだったのでしょうか。

吉野 なかなか恋愛がうまくいかない思春期を過ごしている中で、私のことを好きだと言ってくれる男性が現れました。私は高校を卒業して18歳、相手は15歳くらい上の30代でした。**その人は「痩せたら付き合うよ」と言ったんです。**だから、1日1000キロカロリー以内にするなど、かなり無理をして痩せました。痩せて本当に付き合いました。すると、「食事内容と体重を毎日メールしろ」と言われ、30キロ痩せても「まだいけるよ」と、さらにダイエットをうながされ、人格否定までされるようになってしまいました。

今はそれがモラハラだとわかりますが、当時の私はもうその人しかいないと思っていました。この人と別れたら、もう二度と私と付き合ってくれる男性は現れないと。

その彼は、街で太っている人に対して批判をするんです。「あの人すごいデブ」と言ったりします。「結局人は見た目なんだよ」ともっともらしいことを言われて、どんどんコントロールされていきました。最終的に、私も「太っていることは悪いことなんだ」と心から思うようになり、自分で自分に呪いをかけるようになりました。「友達も言わないだけで、太ってるお前のことをバカにしてるよ」なんてことも言われました。

彼氏がやばいことに気づきはじめて、自分から別れました。ですが、私の中の痩せたい呪いは解かれず、摂食障害が残りました。新しく恋人ができても、私は過食症でした。新しい恋人は、私の悩みも受け入れてくれました。「無理してダイエットしなくていいよ」と言ってくれたんですが、私は「痩せないと愛されるはずない」「太っている私のことを愛してくれるはずない」と思ったまま。一緒にいると辛くなってしまうんです。

その後、25歳のときにアルバイトでさまざまな人のプロフィール写真を見る機会がありました。太っている女性は不幸だと思っていましたが、ぽっちゃりしている女性も笑顔で写真に写っていたんです。**「あれ、体型にかかわらず幸せに生きている人、いるんじゃない？」と気づきました。**

小さい頃からぽっちゃりしていたので、それが私の体質かもしれないし、思春期からずっと自分の体を否定してきましたが、一度受け入れてみたらどうなるんだろうと考えました。

食事も、ダイエットのためにカロリー重視で決めるのをやめて、「今、私何が食べたい？」と自分の気持ちや体調に聞いてみることにしました。すると、過食したい気持ちがだんだんとなくなり、「お腹いっぱい、これ以上いらない」のラインがわかるようになりました。**ダイエット情報を見ると、焦燥感や自己嫌悪に陥っていたので、なるべくシャットアウトすることにしました。情報を遮断して何カ月かしたら、もう全然問題ではなくなりました。私の中の「太っている自分は醜い」という悩みが消えたんです。**

それまで、自分が太っているからとあきらめていたことがいろいろありました。やりたい仕事があっても、太っていて自信がないからできないとか、いろいろ言い訳していました。自分の気持ちを大事にして、悩みがなくなったことによって、道が開けました。「まず痩せないとうまくいかない」と思っていたので。ずっと悩みの解決方法を間違えていたことに気がつきました。

犬山 社会や周りの人から「痩せていないと価値がない」という価値観を投げつけられ、「今の自分では誰からも愛されない」「自分のことを認められない」という気持ちが生まれてしまい、摂食障害につながってしまう。「あなたはありのままですばらしい」「あなたには価値があり、大切にされるべき存在である」というメッセージを伝え続けることが、保護者にまずできることなのでしょう。

吉野さんのように、自力でハラスメントや摂食障害から抜け出すのはかなりすごいことで、難しいことでもあります。同じ苦しみの中にある人は、専門家の力を借りることも検討してほしいと思います。

10 子どもの摂食障害と、保護者の関わり方

摂食障害は「もっとも死亡率が高い精神疾患」だとも言われています。厚生労働省のサイトによると、「若い女性では100人に1～3人くらいの割合で見られる」と書かれており、かなり多くの少女たちが苦しんでいるのです。

また、摂食障害には主に、

・極端な食事制限と著しいやせを示す「神経性やせ症」
・むちゃ喰いと体重増加を防ぐための代償行動（嘔吐や下剤乱用など）を繰り返す「神経性過食症」

の2つのタイプに大別されます。保護者はそのとき、どんな対応をしたらいいのでしょうか。

みたらし 摂食障害とは食べることに関する行動の異常によって、心と体の両方に影響が及ぶ病気の総称です。そのなかには、必要な量を食べられなかったり、食べたものを意図的

に吐いてしまったり、自分をコントロールできずに食べ過ぎてしまうことなどが含まれます。10〜20代の女性に多いとされますが、誰でもなり得る病気です。

世間の「痩せ信仰」や「シンデレラ体重」といった言葉もそうですが、家族や身近な人の何気ないひと言が、摂食障害へ向かうきっかけとなる子もいます。摂食障害の多くは「ボディイメージのゆがみ」から引き起こされることが多く、そのゆがみを作るきっかけになるのは、SNSでの情報や周りの人の価値観です。なので、周囲の大人が特定のボディイメージを押しつけすぎないことが必要だと思います。

そして摂食障害は、専門機関でも対応が難しいとされます。たとえば、ボディイメージのゆがみから摂食障害になっている子の場合、「痩せたい本人」VS「食べさせたい医療従事者」という対立構造になりやすいのです。だからこそ、治療の段階においては、**まずは信頼構築が重要になるので、本人を否定せずに受け止めてあげることが大切になってきます。信頼関係も築かないままに「あなたのままでいいよ」とか「痩せなくても素敵だよ」という声かけをしても、あまり意味をなさない可能性があります。**なぜなら、本人は「今のままではいけない！」という気持ちに囚われているからです。

まずは信頼関係を築くためにも「ダイエットしたくなっちゃうよね」とか「私も体型ですごく悩んで落ち込んだことあるよ」など、本人に寄り添ってあげることが必要です。

またSNSの影響などで、危険なダイエットをしている可能性があるので「今どういうダイエット方法が流行ってるの？」と聞き、覆面調査をすることも大事かなと思います。

ここまでで「子どもの体型についてコメントをしたことがあるな……」と、頭によぎっている保護者もいるかもしれません。気になる場合は、「あのとき、こんなこと言ってごめんね」とお子さんに話したり、時間をかけて「あなたのままで十分愛くるしいんだ」という気持ちが伝われぱいいんだと思います。

お子さんの危険なダイエットや摂食障害などが気になるときは、あまり気負わずに、専門家に相談してみてください。

犬山 今はダイエットの薬を海外から取り寄せる人も多く、その薬による副作用なども知らないままインフルエンサーがおすすめしたりしていて、危険な方法がネットに溢れています。

上から目線で「そんなことしたら体に悪いよ」と言うのではなくて、保護者がまず知ろうとすること。専門機関に頼りながら寄り添っていくことが重要ですね。

11 保護者が知っておくべき、知識の共有の方法

摂食障害について知識を共有するためには、さりげなく摂食障害について書かれている本を置いておく方法がおすすめだそうです。直接伝えるのは「お母さんが教えてくれていたのに、できなかった」と自分を責めるケースもあるそう。

ここからは、厚生労働省による「家族や友人が摂食障害になったとき」のページから、その対応を引用します。

変化に気づく

摂食障害の人は、本当の感情をかくし、自分の病気も認めません。それでも、外見には以下のような変化が現われます。

・急激な肥満・やせ
・髪が抜ける、爪が弱くなる
・肌が乾燥して黄色っぽくなる

・うぶ毛が濃くなる
・指に吐きダコがある
・むくみがある
このような変化があれば、摂食障害の疑いがあります。医師や地域の相談窓口に相談し、どうしたら治療に導けるか、アドバイスを受けましょう。

摂食障害の人への対応

子どもが摂食障害になると、親は自分が責められているように感じて辛く、早く治すよう急がせてしまいがちですが、強制は禁物です。とりあえず生きていればよいくらいの気持ちで、気長に回復を見守りましょう。
・ありのままの状態を受け入れる（病気や不登校などを責めない）
・周囲の人と比べない
・できないことは要求しないで、できたことに注目してほめる
・本人が安心できる環境を与える

家族も協力者をもつ

相談できる先をなるべく多くもって支え合い、病気についての正しい知識を得るようにしましょう。

- 家族療法の経験が豊富な専門家にかかる
- 家族会に参加し、同じ立場の家族とのつながりをもつ
- 勉強会やセミナーなどで、摂食障害から回復した人の話を聞く

困ったときの相談先

- 病院・診療所の精神科や心療内科
- かかりつけの医師
- 自助グループ（日本摂食障害ネットワークEDNJ: Eating Disorders Network of Japan）で地元のグループを捜すことができます
- 家族会（日本摂食障害ネットワークで探すことができます）
- 各都道府県の精神保健福祉センター
- 学校の保健教諭・カウンセラー

また、「ＮＨＫハートネット　福祉情報総合サイト」の「摂食障害」の記事が大変わかりやすくまとめられていました。ぜひ検索して読んでほしいと思います。

12 美しさの正解を押しつけるメディアの罪

私たちは、間接的なルッキズムにもさらされています。

NHK放送文化研究所の調べによると、テレビ出演者の性別割合は女性は男性の3分の2であり、女性は20代、男性は40代がもっとも多くなっています。日本のテレビは、「若い女性と中高年の男性」という構図になっていることがわかります。ただテレビを見ているだけで、「女性は若くて美しいほうがいい」という価値観を学習させられてしまう現状なのです。

電車やSNSにはコンプレックスをあおる広告が多く掲載され、プリクラや写真アプリを使えば目が自動的に大きく変化させられます。

また、テレビやインスタグラムで見る人を「こういう顔がいいんだ」と学習してしまうと、まるで自分だけがそこから外れているような孤立感を抱えるようになると思うのです。外に出て街を歩けば多様な人がいるのに、テレビやスマホの映像を目にする時間のほうが長くなればなるほど、「自分の見た目はだめなのではないだろうか」と思ってしまいます。

吉野　フィジー島で、摂食障害になる女性が急激に増えた時期がありました。研究者たちが調査したところ、原因は1995年に島に導入されたテレビ。その3年後から、摂食障害になる10代の子が増えたそうです。

当時、島で放送されていたテレビ番組は、スリムな女性が活躍する欧米のテレビドラマでした。それまでフィジーでは、体格がよくてぽっちゃりしていることが美人の基準でしたが、テレビの導入を境に価値観が欧米化されていったのだそうです。テレビを見ていない人も、周りが「痩せているほうが美しい」という価値観になったことで影響されました。それだけメディアには影響力があるのです。必ずしも見た人全員が摂食障害になるわけではありませんが、トリガーとしてすごく影響力があると思います。

日本に目を向けても、太ると自信を持てない社会の作りになっていますよね。私が思春期の頃はちょうど健康番組がテレビで流行っていて、毎週ダイエット検証番組が放送されていました。納豆ダイエット、黒酢ダイエット……などなど。それを日常的に見ていたので、どんな方法であれ、痩せることは本当にいいことなんだと思っていました。

子ども向けの雑誌のモデルも、やっぱり細い子ばかりなんです。ティーン向け雑誌でモデルの女の子の体重やウエストなどのサイズが掲載され、ダイエット特集やスタイルキー

プ特集が企画されていることは近年でもあることです。

それを見てダイエットを始めて、摂食障害になってしまったケースも聞きました。「なんでこんなにダイエットしたくなったの？」と聞いたら、「雑誌でモデルの子のスリーサイズを見て、夏休みにダイエットして夏休み明けに変わった自分を見せたかった（2学期デビューしたかった）から」と。最終的に車いすに乗らなければいけないくらい体重が減ってしまったそうです。

犬山　我が家では、テレビで見た目いじりが出てきたら、「今のどう思う？　言われた人はどんな気持ちになるかな？　笑っていいと思う？」と話しかけるようにしています。

また、SNSなどでさまざまな人種、体型、年齢の女性が楽しそうにしている動画を娘とシェアして「楽しそうだね」「ママはこの人を素敵だと思うよ」と娘と話して、多様な美の回路を作る土台を作っています。

13 保護者自身がとらわれているルッキズムから解放されよう

ここまで、子どもにまつわるルッキズムを考えてきました。でも、私たち大人はどうでしょうか。

「子どもにはルッキズムで傷ついてほしくないし、傷ついていなくとも立ち上がれる回復力を持っていてほしい」と願いますが、そう願う自分自身、まだルッキズムの中でもがいています。子どもと接するうえで、やはり「自分の中のルッキズム」とも向き合う必要があるのではないでしょうか。

今だって、しみとクマはコンシーラーで隠し、チークで血色を足しています。白髪も染めています。口では「ルッキズムはだめ」と言いながら、内面化しているこの矛盾。

私の、この姿は娘にどう映るのでしょうか。女はメイクをしなければいけない、白髪はあってはいけないと思わせてしまうのではないでしょうか。

長田 矛盾していないと思います。自分の見た目を、自分の気に入るようにすることは楽しいことです。自分の見た目を自分で盛り上げたり、好きなタイプに近づけたりすることが、ルッキズムと直結しているとは思いません。

子どもが、社会にはびこるルッキズムの影響を受けることはある意味仕方のないことなので、それを全部親が背負う必要はありません。**社会の流れや、ときには「こういう姿でいるべき」という圧もある中で、どういう姿でいたら自分が心地よいのかを自分と相談し折り合いをつけながら試行錯誤するのは、尊い作業だと思います。**そこに自分の時間をかけることに罪悪感を持つ必要はないと思います。

ただ、やってもやっても自分が醜いと感じるのであれば、心の専門家に話を聞いてもらってほしいです。美しいものを見て自分との落差に落ち込むのであれば、それは社会が押しつける美の圧が強すぎるからであり、個人の問題ではなく社会の問題です。

「必ずメイクしなきゃだめ」「すっぴんでは身だしなみNG」などの押しつけは当然おかしいと思います。そしてその美容や身だしなみが女性だけに押しつけられることにも絶対に反対です。

エイジングに対しては、年齢を重ねた女性の姿をあたりまえのもの、いいものと受け止める感性が社会に乏しすぎると感じています。メディアでも、照明を当ててしわを飛ばして、「エイジレス」「奇跡の〇〇歳」といった見せ方をするのではなく、女性が自然に加齢したリアルな姿をもっと見せればいいのにな、と思います。誰にでも訪れるあたりまえの加齢を恥じない、貶めない、むしろ美しさを見出せる社会であってほしいです。

だからといって、たとえばしわをケアするクリームを塗るとか、白髪を染めるのが、その人が自分の加齢を否定するエイジズムの現れだとは思いません。**アンティークの家具にワックスを塗ったり、銀食器を磨いたりするように、年齢を重ねゆく自分を丁寧に扱うお手入れは、年齢を経たからこそ、その魅力に気づける優しい眼差しを養ってくれるのではないでしょうか。**

私自身は加齢に関しては、堂々と自然に歳を取っていく自分を子どもに見せる義務があると思っています。加齢していく姿も、自分のポリシーとしてなるべく見せたいと思っています。

犬山　私も今のリアルな姿をインスタグラムに記しておこうと思い、「キラキラしてないリアルなほうの犬山紙子」というアカウントを作成しました。このアカウントの私にはフィルターがかかっておらず、しみも白髪も表情もそのままです。すっぴんもあれば、夜のほぼ崩れたメイク姿もあります。

そこに集まった「いいね」が、「なあんだ、『私は少しでも美しくいなければならない』

と思わなくていいんじゃん」と私自身を楽にしてくれました。ただ、おしゃれもメイクも好きなので、「犬山紙子」のアカウントでそういう発信もしますが、両方の私がＳＮＳに存在することにホッとしました。私は、メイクをしてもいいし、しなくてもいい。一つ一つ自分に科している枷を外して、自分を許す作業を今しています。その姿を子どもに見せることに、罪悪感を持たなくていいと思えるようになりました。

まだまだ社会にはルッキズムが深く染みついていて、私の中にも存在しています。でも、社会構造の中のルッキズムにＮＯを突きつけ、自分の見た目をもがきながらも許し、多様な人を美しいと感じる気持ちを子どもの前で素直に出していくのが、私にとって自然にできることなのかもしれません。

4章

性教育で、自分も相手も大切にしてほしいから

電車通学をしていた頃痴漢に遭っていました
どこからどう見ても子ども
フリーズ
号車変えたのに
泣きながら登校する友人もいました
日本の若者の10人に1人が痴漢被害に遭っているというデータも（多くは複数回）
性被害者の多くは泣き寝入り
私も誰にも言えず
いまだにつらくなります
こういった思いを子どもに絶対させたくない
ちゃんとした性教育を受けていたら誰かに相談できたかな
もう自分のことはどーでもいーや
大山18才
自分の心と体を大切なものって思えたかな
じゃあどうやって性教育をしたらよいのだろう!?
何歳の時何をどこまで教える？
同意についてどう伝える？
生理との付き合い方
産婦人科どう選ぶ？
性犯罪を減らすには？
どうしたら自分や相手の心と体を大切だって思ってもらえるのだろう？

「子ども時代に性教育をしっかり受けていたかった」と、私自身痛感しています。

私は中学1年生から電車通学で、例に漏れず痴漢に遭っていました。中学1年生は「ほんの子ども」です。それまでは親や周りの大人に子どもとして守られていたのに、そこから引っ張り出されて、無理やり性の対象、支配の対象にされてしまった。

あのとき、「自分の体は尊重されるべきもので、同意なしに触れられていいものではないこと。そんなことがあれば、親や信頼できる大人に相談すること。被害に遭った人は何も悪くないこと。悲しいけれど、男女問わず子どもが性被害に遭うことはよくあること」と知っていたらと思うのです。

今、親になり、子どもが同じ思いをすることが本当に怖い。この先子どもが電車通学をすることがあると考えると、怖くて怖くてたまりません。でも、そのせいで子どもの自由がなくなることもおかしな話です。

いつでもそばにいて守り続けるわけにもいかないけれど、性被害からはどうしたって守りたい。万が一、遭ってしまったとしても、適切にケアしたい。子どもには、自分の心と体が尊く、そして他の人の心と体も尊いこと、それぞれの尊厳を守ることの大切さを知っていてほしい。

そのためには、どんなふうに性教育を始めて、どんなふうに教えてゆけばよいのでしょうか。

1 性教育の始め方

性教育の「10歳の壁」を聞いたことがありますか？

小学5年生あたりから性について「エロくて恥ずかしい、聞いてはいけないこと」と思う子が増えるそうです。

性教育といえば、保護者世代は「学校の授業で数回、受け身の形で習う」という形式を思い浮かべます。だから、「さあ、性教育をしますよ！」と1回ですべてを伝えて終わり、という形を想像してしまいがち。でも、それで本当に伝わるのか疑問です。

どうやって性教育を始め、進めていけばいいのでしょうか。

SHELLY **性教育は1回の授業や会話じゃなくて、ずっと続くカンバセーション（対話）です。**そのときそのときの子どもの疑問に、常に向き合ってあげることが大切。

子どもから性に関することを聞かれると困ってドギマギしてしまうかもしれませんが、それはまたとないチャンス。次第に保護者に聞いてくれなくなることも多いので、保護者に聞いてくれるのは大ラッキーチャンスです！

そこで「今忙しいから」「お父さんに聞きなさい」などと言ってごまかすと、子どもは「お母さんはそういう話をするのが嫌なんだ」と学んでしまいます。**子どもが持った好奇心を絶対に笑わない、絶対にいじらない。**必ず真剣に向き合ってあげること。

もし突然質問されて困ったら、「ごめん、今わからないから調べておくね。調べたら、もう一度お話しよう」と、一旦ポーズする。そして大事なのは、必ずそこに戻ること。聞かれなくなったからまあいいやと放置すると、子どもは「あ、やっぱりあの話ってしちゃいけなかったんだ」と思います。だから、「この間言ってたやつってさ、今話せる？」とこちらから言うことが重要です。

年齢が上がるにつれ、保護者を頼らなくなるんですよね。子ども自身がインターネットや友達、先輩から得る情報は、正しいかわかりません。だから、確実な情報をしっかり伝えるためにも、普段から性の話をしていいんだよという姿勢を保護者が見せるんです。

また、**「ナナメの関係」を作ることも大切です。**その子よりも年齢が少し上の、きょうだい・いとこ・近所のお兄さんお姉さんなど信頼する人に、「もしかしたらうちの子から相談されるかもしれないけど、そのときはよろしくね。私にも相談してね」と話して関係を作っておく。子どもに「もしお母さんに言いづらかったら、〇〇さんに相談していいからね」と道を作ってあげて、行きやすくしてあげます。

犬山「ナナメの関係」を作っておくことの大切さは、性教育だけでなく、さまざまな子どもの困りごとに必要だとよく言われています。私自身、親に言いたくない恋愛や性にまつわる悩みは2つ上の姉に相談していました。性の悩みから子どもを孤立させないために、今からできることをしておきたいです。

2 具体的に、どう教えればいい？

性教育をするうえでの心構えを聞いてきましたが、では何歳くらいから始めたらいいのでしょう？

SHELLY 2、3歳の時点でプライベートゾーン（水着で隠れる部分と口）は理解しておいてほしいと思っています。**お風呂に入っているときがチャンスで、そのときに「ここは耳とか肘とは違うんだよ。プライベートゾーンは特別な場所なんだよ」**ということを認識させます。「人に見せたり触らせたりしないし、人のものを触ったり『見せて』って言わないんだよ」と伝えます。

本当に悲しい話ですが、やっぱり小児性犯罪者は子どもがいる場を好むので、保育士やコーチや先生になる人がいます。だからたとえ先生でも、プライベートゾーンを触ってきたらNOって言っていいんだよと伝えます。

「自分の体を触っていいのは誰？」と、子どもに質問もします。すると「お医者さん」など答えるのですが、「お医者さんでも、必ずお母さんがいるところでしかだめだし、それは理由がないとだめだよ」と伝えます。医者じゃない人が医者を名乗っている危険性もありますから。

何歳のときにどこまで教えるかの基準は、WHOやユネスコ、ユニセフなどが共同で発表した「国際セクシュアリティ教育ガイダンス」に載っているので、それを参考にするのもいいと思います。

私もそれを見て、上の子が性行為について教えてもいい年齢だったので、産婦人科医の高橋幸子先生が監修している『性の絵本』で教えました。具体的に性行為について描かれているのでちょっとドキっとしましたが、でも、逆に恥ずかしがらず、普通ですよって教えるほうがいいかなと思って。

犬山　性教育の中でも「この年齢でいいのだろうか？」と戸惑ってしまうのが、性交・避妊の方法だと思います。保護者世代は、親から教えてもらったという人はかなり少ないのではないでしょうか。

また、性行為は「学ぶもの」よりも「エッチなこと」という印象が強くこびりついている世代でもあると思うのです。とにかく、エッチなことだから興味を持つのもNGだし、口に出すのもはしたない、そんな価値観の中で私は育ちました。なので、私たち保護者世代には心理的抵抗感がかなりあると思うのです。

しかし、性行為は性病や妊娠、そして自尊心にも深く関わるもので、何も知らずに間違った知識で行ってしまうとリスクがあまりにも大きい。保護者が「恥ずかしいから」と何も教えずにいるまま、子どもが傷つくことだけは避けなければいけません。

3 性教育の年齢と教える内容

教えることで寝た子を起こすことになるのじゃないか、と心配する方も多いのかもしれません。けれど、保護者が教えようが教えまいが、性的なことに興味を持つ子は持つし、それは自然なことです。

各国の研究では、性教育によって性交年齢が早まったとの傾向はなく、むしろ遅くさせ、慎重にさせる結果がみられたそうです。……それはそうですよね、リスクを知れば人は慎重になります。

ユネスコ「国際セクシュアリティ教育ガイダンス」を参考にして、とくに性と生殖について教える年齢とその内容についてまとめました。

5～8歳

◆赤ちゃんがどこからくるのか説明する

・卵子と精子が結合し、子宮に着床することで妊娠が始まる

・すべての子どもが望まれ、ケアされ、愛されるべきである
・すべてのカップルが子どもを持つわけではない

9～12歳

◆妊娠の特徴や、避妊方法について説明する
・妊娠の兆候があった場合に相談できる親や保護者、信頼できる大人を教える
・意図しない妊娠のリスクを減らすために、コンドームの正しい使い方の手順を説明する
・避妊は、男女ともに責任がある

12～15歳

◆避妊方法の種類と効果、出産のリスクについて説明する
・避妊方法によって、成功率、効能、利点、副作用が異なる
・コンドームや他の避妊具がその地域では一般的にどこで入手できるのか、また、若者がそれらを入手するのを妨げたり制限したりする障壁がある場合もある
・若すぎる出産や、間隔の短すぎる出産には、健康上のリスクがある

15〜18歳

◆避妊具使用の自信をつけ、中絶のリスクについて説明する
・コンドームや緊急避妊薬を含め、避妊具を正しく使用することの重要性を認識する
・さまざまな避妊方法について議論し、使用することへの自信をつける
・安全でない中絶は、女性や女子に深刻な健康リスクをもたらす

そもそも、このガイダンスには8つのキーコンセプトがあります。

1　関係性
2　価値観・権利・文化・セクシュアリティ
3　ジェンダーの理解
4　暴力と安全確保
5　健康と幸福のためのスキル
6　人間のからだと発達
7　セクシュアリティと性的行動
8　性と生殖に関する健康

性に関することだけでなく、自分や周りの人の命や体がかけがえのない大切なものであることから、SOGI（211ページ参照）、友情、好きの種類、同意、人との関係性の作り方、ルッキズム、DVや性暴力、さまざまな家族の形など多岐にわたって人生において大切な知識が学べるようになっています。

ただ、いくら性教育をしても、避妊の方法を伝えても、子どもがすべて完璧に振る舞えるとは限りませんし、失敗することだってあるはず。そんなときに「だから教えたのに！」と怒り責めるのではなく、「よく相談してくれたね」と日頃から失敗を相談しやすい関係性を作っておくこと、「何か困ったり、失敗してしまっても、味方になりたいから相談してね」と伝えることも必要だと思います。

「ママがあんなに教えてくれたのに、そうできなかった」と子どもが自分を責め、本当に悩んでいるときに保護者に相談しないことが怖い。保護者に相談できなくても、「ナナメの関係」の、周りの信頼できる大人に相談してくれるよう、一度伝えて終わりにはしたくないところです。

4
同意の大切さ NOは「あなたが嫌い」じゃない

私たちは、自分のNOに力があると思えているのでしょうか。

「同意を大切にしよう、してもらおう」、そう思えるためには、自分のNOに力があり、相手のNOを尊重することを経験しておかなければいけません。


SHELLY　娘たちに「あなたのNOには力があるんだよ」と教えるために、「やめて」は絶対2回言わせませんし、「やめてって1回言われたらやめるんだよ」と教えています。

たとえば、遊びでくすぐったりしますよね。そんな**じゃれあいの中でも、子どもに「やめて」と言われたら絶対に、すぐに、やめます。**子どもが「やめてって言っても大人はやめてくれないんだ」と感じたら、自分のNOには力がないと思わせてしまいます。

NOを尊重する保護者の行動が、子どもにとってはいずれNOを言うときの自信になるんです。

「親ですらハグするときに同意を取ってくれたのに、何？　この人」って感じられる心の種を、今植えているんですよね。
　私が若いとき、男の人に対してNOをあんまり言えなかったのは、「ここで嫌だと言ったら、あなたのことを嫌いって思ってると思われてしまう」と思ったから。だから、娘にはそれを伝えるコミュニケーション能力をプレゼントしたいんですよね。NOイコール嫌いではないということ。**「あなたのことは本当に好きなんだよ。ただ、この行為は今はしたくない」と言葉で伝えるコミュニケーション能力をつけてあげることで、子どもを守りたいのです。**

　産婦人科専門医の稲葉可奈子さんは、次のように教えてくれました。

稲葉　小さなときから、性的なことだけじゃなくて、友達と遊ぶときでも、「遊びに誘ったのにあの子は断ってきたから私のこと嫌いなんだ」とならないように教えていきたい。人それぞれ、やりたいとき、やりたくないとき、この遊びをしたいとき、したくないときがあるよね、ということを伝えていくのが大事だと思います。
　そもそも、今の日本では、性行為をする前にちゃんと同意を取るものだという大前提の認識が、まだ浸透してないと思います。

性的同意については紅茶で喩えながらわかりやすく解説している動画「Tea Consent」があるので、それもおすすめです。

・あなたがお茶をいれたからといって、飲むかどうか決めるのは相手
・最初、飲むと言っていても、途中で気が変わっていいし、途中でＮＯと言われたらそれを尊重しなければいけないよ
・相手の意識がないときにお茶をいれてはだめだし、最初飲むと言っていても、途中で意識がなくなったらもちろん飲ませてはならないよ

そんな内容が動画で語られています。嫌な人を無理に誘わないこと、自分の意思をちゃんと伝えることを教えていくことが重要です。

みたらし　私たち大人が思っているよりも、子どもは大人の関係性を見ています。たとえば両親がいるご家庭の場合、片方の親がどちらかを強くなじっていたり、小馬鹿にするような態度を見せたりしていると、子どもはそのパワーバランスをそのまま受け取ってしまうのです。そして、その不均衡な関係性を、自分自身に当てはめてしまうこともあります。「自分もパートナーを強くなじってもいいんだ」とか「パートナーから強く言われても我慢しなきゃいけないんだ」というようなインプットになってしまうのです。

コミュニケーションのひとつひとつを子どもは敏感に察知しているので、**日頃から保護者が、理不尽なことにNOと言えている姿、またそのNOが尊重されてる姿を見せてあげるのが、非常に大事だと思います。**どうしてもそれが難しい場合、2人きりになったときに「本当なら尊重されるべきなんだよ」「あなたはNOと言っていいんだよ」と伝えるのも1つの手かなとは思います。

性的同意はセックスのときだけのものと思われがちですが、実は日常生活と地続きなのです。たとえば友達とランチに行くときに、「本当はパスタを食べたくないけれど、相手が食べたいと言ったから、とりあえず合わせてみた」、こういう積み重ねでNOと言いづらくなっていくのです。

性教育は、セックスのことだけを教えるというよりは、日頃からその子にとっての快、不快が尊重されることが大事だと教えてあげることや、NOと言いやすい環境を作ってあげることでもあります。

だから、たとえば子どもに恋人ができてその話を自分にしてくれたときに、「相手に対して、嫌なことは嫌って言ってもいいんだよ」「少しでも相手にモヤモヤしたり、言いにくいことがあったら、いつでも私に相談してきていいんだからね」と伝える。こういう関わりも性教育なのです。

犬山 保護者が学びつつ、その姿を見せることの重要性を感じます。パートナー同士でまずはNOと言い合えるようになる、そしてNOと言われても機嫌を悪くしない、尊重し合う姿を見せる。

「NOって言うけどあなたのことが嫌いって意味じゃないよ」「NOって言っていいんだよ。それで不機嫌にならないし、あなたの意見を尊重するし、NOって言われたから嫌いになったりしないからね」って語りかける。

保護者ができることがたくさんあります。

5 子どもの性被害に対応する方法

子どもが性被害に遭ってしまったら。女の子も、男の子も被害に遭う。気をつけても気をつけても、保護者だけの力で守りきれることではなく、他人事じゃない。

2023年には、元大阪狭山市議の男性が主催している小学生向けキャンプで女児に強制わいせつしたとして、その元市議が逮捕されました。そのキャンプは学校でもチラシが配られたほどのお墨つきで、当時の市議がやっているというのもあり、保護者は信用して子どもを預けました。

このような児童への性加害が日々報道されていて、保護者としては本当に怖いんですよね。性被害なんて遭わないだろうとタカも括れない。だって自分も遭ってきてしまっているから。それくらい身近にあると痛感しているんです。

SHELLY **一番大事だなと思うのは、万が一何かあったときは、それは加害者のせいであって、あなたのせいじゃないというのを、起きる前から話したほうがいい**ということ。

あなたがこういう格好をしていたから、こういう振る舞いをしていたから、ではないということを事前に伝えます。絶対に「こうしていたら被害に遭わなかったかもしれない」と自分を責めさせない。

そして、子どもが性被害について自分に話してくれたとき、それが信じがたい**「まさか」と思うようなことであっても、絶対に信じてあげる。**子どもは性被害について嘘をつくことはほぼないんですって。だから、「私に言ってくれてありがとう。よく話せたね。すごい勇気がいることだったよね」と、話してくれたことをほめるのが大切です。

犬山　日頃から子どもが痛い思い、悲しい思いをしているときに「だから言ったじゃない」とお説教をするのではなく、寄り添い「痛かったね」「味方だよ」というコミュニケーションを取っておくことで、「あなたを責めないよ」というメッセージにもなりそうです。

そして、万が一子どもが性被害に遭ってしまったら、保護者の力だけでどうにかしようとせず、プロの力を借りること。「保護者も傷つくのでそのケアも必要」という視点も持っておけるといいですね。

内閣府男女共同参画局の「こどもの性被害」のページにはこう記されています。

被害を受けたこどもへの対応

- 「本当なの?」「そんなことありえない」などと、こどもの話を疑ったり、否定したりせずに、こどものペースに合わせて話を聞いてください。
- 話したくないことは無理に聞き出さないようにしてください。話している途中に気分が悪くなったり、疲れたりしたら、休んでもいいよと伝えてください。
- 「話してくれてありがとう」「あなたは悪くないよ」と伝えてください。
- こどもに聞きすぎることがこどもの記憶に影響（「記憶の汚染」と呼ばれています）等を与える場合があることに留意し、なるべく早く警察、児童相談所、ワンストップ支援センターなどの専門機関や専門家に相談してください。
- こどもの安全を確保して、こどもの同意を得てから、からだに傷などがないか確認してください。
- 被害直後の場合は、すぐに医療機関を受診するようにしてください。（傷の手当、感染症検査、証拠採取等が必要になる場合があります。）
- 大人も傷つき、体調を崩すことがあります。あなた自身のこころとからだにも気を配り、無理をしないでください。

性暴力被害を受けたときにこどもが見せるサイン

言葉にすることが難しいこどもたちは、トラウマの反応が心身の不調や問題行動として現れることがあります。特に、問題行動については、その背景にあるトラウマを理解することが重要です。

・頻尿、夜尿
・体調不良（頭痛、腹痛、吐き気、倦怠感など）
・不眠（夜更かし、怖い夢を見る、ひとりで眠れないなど）
・ふさぎこむ、元気がない、無気力
・集中力の欠如、学力不振
・食欲不振、過食
・不登校
・性器の痛み、かゆみ
・自傷行為、リストカット
・多動や乱暴
・非行（飲酒、喫煙、家出など）

・人との距離が近い、不特定多数の人と安全でない性行動を繰り返す

身近な大人にできること

・こどもが小さいときから、次のことを伝えて下さい。

・水着で隠れる部分（プライベートゾーン）は見せない・触らせないこと

・イヤな触られ方をされそうなときは、「イヤだ」「やめて」と言ってもいいこと

・自分という存在は大切で安全に扱われる存在であり、また相手も自分のように大切で安全に扱われるべき存在であること

・こどもの異変やSOSに気づけるような関係・環境をつくるために、日頃から家庭内でコミュニケーションをとり、こどもの気持ちをよくきいてあげてください。

・こども自身が保護者には知られたくないと感じる場合でも、ワンストップ支援センターなど、信頼できる大人に相談できる場所があることを伝えてください

6
自衛と怒り 私たちは怒っていい

痴漢は、声を上げなさそうだとか、抵抗しなさそうだという子を選ぶことが多いそうです。被害を受ける女性の特徴をDV総合センターが分析した結果、最も多いのは「被害を訴え出ない」「警察に届け出る勇気がない、大人しそうな人」でした。また、私服よりも制服のほうが被害に遭いやすいというデータもあります。

こんな社会で本当に悔しい。なんで被害者側が自衛しなければいけないんだという怒りがあります。

SHELLY　その怒りは子どもに伝えるべきだと思います。「お母さんも本当にむかつく。なんで女の子たちが自衛しないといけないのか、本当におかしいと思う」と。保護者が人間で、怒りの感情があるというのを見せていいと思うのです。とくに女の子は、怒りを封印させる教育をされてしまいがちですからね。

本当におかしいことが世の中で起きている、それを変えたいから怒っているという姿を

見せるんです。そして、あなたも怒っていいの、変えるパワーがあなたにあるの、と伝えます。それは自尊心にもつながると思います。

以前に、大きな場所で行われるファッション系のイベントで、「今、とても性犯罪が増えているから、女の子が大勢集まるこういう場所で、性教育をやられているSHELLYさんから性被害に遭わないためのアナウンスをしてほしい」というお仕事の依頼をいただきました。私はスパンと断らせていただいたんですけど。

10代や20代の女の子たちが「わくわく！ かわいいファッション！ うきうき」となっているところで、「あなたたちはレイプされる危険性があるんだから、気をつけなさいよ、自分で」と言えと？ じゃあ、逆にサッカーのスタジアムで「同意を取りましょう。酔っぱらってる相手とセックスすることはレイプです」という教育をしているんですか？ みんなが、応援歌歌っているところで、それやってるんですか？ やらないですよね。

女の子たちが集まっているから、そこで注意喚起しておけという、その発想がひどいじゃないですか。

自衛の話は、家庭の中などで、愛している人からされるべきなんです。愛されていると感じているときに。逆に社会は、「犯罪は犯罪だ、こういうことをしてはいけない」ということを教えるべきだと思います。そこが変わらないと、「どんな服を着ていたの？ 何時だったの？　1人で歩いてたの？」と、被害者の落ち度を探す空気になるわけです。

犬山　愛する人に愛されながらされる話と、社会で「自衛しろ」とばかり呼びかけられることって、そこに含まれるメッセージがこんなにも違うんですね。

また、防犯のアナウンスが必要なときも、最初に「性加害をするな、性被害に遭った人は何も悪くない」があるべきだと思います。本来、社会は性加害をどうすればなくせるのかについて先に取り組む必要がありますよね。

7 ティーンの女の子のリアルな性の悩み

SHELLYさんのもとには、ティーンの女の子やその保護者からのお悩みが届きます。どんな内容のものが多いのでしょうか。

SHELLY ティーンの子たちの悩みは、両極端にはっきり2つに分かれています。**「彼が全然避妊してくれない」「DVを受けている」のような傾向と、「性的なことをするのが怖くて怖くてしょうがない」「どういうふうに始めたらいいかわからない」「そもそも性行為をしたくないから、付き合っちゃだめですよね」という傾向です。**

そもそも、他者に対して性的欲求を抱くことが少ない、または性的欲求がまったくないアセクシャルの人たちもいるし、そうじゃなかったとしても、単純にまだ心の準備ができていないかもしれない。

恋愛とセックスはイコールではない。だから、カップルだからセックスをしなければいけないわけじゃないし、夫婦だからセックスを拒んじゃいけないというわけではない、という話をします。

保護者世代の方からのお悩みは、子どもにどう教えたらいいかわからないというのが圧倒的ですね。

そして、性教育は人権教育ですから、女の子だけでなく男の子にも教える必要性を感じます。男の子がいずれ女の子と恋愛することになったとしても、女の子と恋愛しなかったとしても、周りにたくさん女性がいますよね。女性と関わらずに生きていくことはありません。

今まで私たちはなぜか男の子たちを守って、生理用品も隠してきましたが、実はそれは自分たちを苦しめていたんですよ。

のちに何も理解してない夫が、「え？　生理って何？　何日も続くの？」「病気じゃないんだから」なんて言ったら怒りたくなるけれど、教わる場がなかったんだもの、仕方ありません。

「彼がコンドームをつけてくれません、どうしたらいいですか」という悩みであれば、彼がなぜコンドームをつけなきゃいけないのかを理解してない可能性があります。だから、まずその会話をカップルでしよう。「私のことを大事に思ってるなら、ちゃんと避妊しよう」と伝えよう。

犬山 ＳＨＥＬＬＹさんが言っていること、男の子の保護者こそ息子に伝えるべきことなんだと思います。

大切な相手ができたときに、相手を傷つけないようにするには、性教育が必要です。女の子ばかりが身を守るために学ばなきゃいけない、ではなくて、双方が学ぶことがお互いを守るために必要なんですね。

8 いい産婦人科の選び方

生理のトラブルや婦人科疾患など、女性が困ったときにかかりつけ医がいると安心です。しかし、かかりつけの婦人科を持っていない大人も多くいる中、どうやってかかりつけを探し、子どもに「信頼できるお医者さんだよ」と紹介すればいいのでしょうか。

稲葉　**産婦人科を選ぶときのおすすめは、知っている人からの口コミや、保護者のかかりつけで信頼している先生がいる場合、その先生のところへ子どもを連れて行くことです。**しかし、そういった人づての情報がないときは、まずは通いやすいところの病院を探すことが大切です。

最近はホームページ等で顔写真が出ていることも多いので、何となくこの先生ならいいかなと思えたら受診してみるとよいでしょう。ただ、どうしても合う・合わないがありますので、もし自分がちょっと傷つくような、何か嫌だなと感じることがあれば別の病院を受診してみることを勧めています。最初に行ったところが合わなくて受診を中止してしまい、しんどいのに受診せずに我慢してしまうのが患者さんにとって一番よくないので、合う先生を見つけてくださいねとお伝えしています。

診療として間違っていなくても、伝え方ひとつで受け止め方は変わってきます。たとえば、子宮筋腫があったとして「子宮を取るのも1つの選択肢だけど、他にもこういう方法があるよ」と話す先生もいれば、「もう子宮取っちゃいなさいよ、楽になるわよ！」という言い方をする先生も実際にいます。女医さんでもそういうことがあります。だから、女医さんだったら100%正解というわけでは残念ながらありません。ただ、やはり患者さんも性格はさまざまで、はっきりそういうふうに言ってくれるほうが合うという人もいたりするので、相性はありますね。

SRHR（性と生殖に関する健康と権利）を尊重して診療にあたっているという意識を持ってくださっている先生をリストにしているので、参考にしていただくのもいいかもしれません。**「みんリプ」で検索をすると賛同している産婦人科医の全国の一覧が見られるようになっています。** ただ、これはあくまで、私や宋美玄先生など、有志で声をかけているだけなので、たとえばSNSをあまりやっていない先生は網羅できていないのですが。

ホームページやGoogleの口コミはいかようにも書けてしまうので、人柄という部分はやはり読みきれないところがあります。ただ、異様に自費診療を勧めてくるところはやめたほうがいいです。自分が望んでやる自費診療ではなく、普通に症状があって受診しているのに、保険診療ではなく謎に高い治療費を取られる場合、その病院は怪しいです。

犬山 処方されるものや、診療内容が同じであっても、合う合わないがあるのはよくわかります。私は、最後まで話を聞かない先生や、怒ってくる先生に当たったときは病院を変えました。

逆に、一緒にこの症状をよくしていきましょうと伴走してくれる方なら、通院するときの気持ちや、先生の言うことを守ろうと思える気持ちが違うんですよね。

9 地方の産婦人科選びの困りごと

都会であれば選択肢が多いですが、地方はどうでしょうか。

私は思春期を地方で過ごしましたが、婦人科に行ったことが他の人に知られたり、うわさになったりするのが嫌で、こそこそと家から遠い婦人科に行ったりしていました。今の子どもたちは、そして保護者はどうしたらいいのでしょうか。

稲葉 さっきお話ししたような「合わなかったら他の病院を受診してみていいですよ」という話は、都会だから通じる話なんですよね。街に1つ産婦人科があるかないかという地域もあります。その場合、心苦しいですが、県庁所在地まで出ればもう少し選択肢があるという話をしています。

医療過疎地に住んでいる中学生や高校生が、自分で街中や県庁所在地まで出てくるのはなかなかハードルが高いと思います。ただ、保護者が少し足をのばすことはできると思いますので、娘さんのためにもよい産婦人科を見つけてあげるのがいいかなと思います。不

妊治療でなければ、そんなに頻繁に受診しないといけないことはないですし。何カ月かに1回、ちょっと街中に出るぐらいの気持ちでいいと思います。

この、地域による産婦人科アクセスのハードルをなくしたくて、2024年7月に開院した小中学生でも行きやすい渋谷駅直結のレディースクリニックでは、オンライン診療も導入しています。医療へのアクセスが悪い地域の方でも、いったん相談して、実際に検査したほうがよい場合は地域の病院へつなぎます。

犬山　子どもが最初に嫌な婦人科に当たってしまって、そこに嫌々通っているうちに、医療への不信を募らせたり、医者嫌いになったりされると、本当に困ったことになります。信頼できる婦人科選びを私もしようと思います。

10 生理との付き合い方をアップデートしよう

5年前にミレーナ（避妊リング：合成黄体ホルモンを子宮内に放出するシステム）を装着したところ、それ以降私の場合は、生理痛と生理の出血もなくなり、あまりの楽さに「今まであんなハンデを背負いながら仕事もして、子育てもしていたのか……もっと前に知りたかった！」と感動しました。

未成年の頃なんて、周りがみんな生理痛を我慢していたので、「生理痛は我慢するのがあたりまえ」だとすら思っていました。

稲葉 生理や更年期（更年期は男性にもあるとはいわれているものの、女性のほうが多い）など、女性にしかない症状をまだまだ我慢している方が多いと感じます。病院に来る方は治療できますが、「我慢するものだ」と思っている人は助けられません。30代、40代の患者さんが、「生理痛は治療すればこんなに楽になるってことを誰も教えてくれなかった。20年前に知りたかった」とおっしゃることもあります。

我慢している家族を見て「こういうものなんだ」と学んでしまうこともあります。刷り込みは恐ろしいもので、それが日本では延々と引き継がれてきています。もう、ここいらでそれを断ち切りたいと思います。

一度生理痛で婦人科にかかったけれど合わなくて、あきらめて我慢し続けている人をSNSで見かけることもあります。先生との相性もありますし、患者さんによって治療法の合う合わないもあります。たとえば今、低用量ピルが市民権を得ていますが、みんなが低用量ピルで生理痛がよくなるわけではありません。低用量ピル以外にも治療法があるので、どの方法でうまくいくかは人それぞれです。

ホルモン剤の中には低用量ピルもあれば、黄体ホルモンだけ使うこともあります。その黄体ホルモンも飲み薬だけでなく、子宮の中に入れるタイプもあります。毎日飲む必要がないものもありますし、漢方薬だけでいいという方もいれば、鎮痛剤だけで大丈夫という人もいます。いい方法にたどり着くまで、時間がかかる方もいらっしゃいます。ですが、最初の治療でうまくいかなかったからといってあきらめてしまっていたり、楽になりきれていない方がまだまだいると思います。

体の部分で、女性がハンデを持つ必要はまったくありません。今の医学の力でそれをカバーし、ハンデをなくすことができます。そういう方法がちゃんとあるんだよということ

を知ってもらいたいです。でも、生理のことなどで相談しに来てくれる10代の方が前より
は増えている印象があります。

産婦人科に来ずに、フェムテックで生理の悩みなどを改善できると思われてしまうと、
それは違います。フェムテックで治せる、フェムテックを使って自分で何とかしないとい
けないのではなく、医療でないと改善できない部分があるので、まずは医療に頼ってほし
いです。医療に頼ることは何も自然に反することではないし、甘えでもないということを
知ってもらいたいです。

犬山 月経カップを使うから、経血量が多くて痛いけれどそれでいいや、となってしまっ
ては本末転倒ですものね。まずは医療に頼って、その先のご自愛のためにアイテムを使う。
それが理想的だなと感じました。

11 お父さんと娘の生理

たとえば男手ひとつで女の子を育てていらっしゃる家庭は、生理についてどう接していいかわからない、という悩みもあるのかなと想像します。男性から娘への声かけ、相談してもらえる関係性を作るためにはどんなことができるのでしょうか。

稲葉 確かに父親だけだと話しづらいこともあると思いますが、母親だからといって絶対に話ができるわけではありません。親子関係によっても違いますからね。いろいろな家庭があるので、本来は学校でみんなが知る機会を持つのが理想です。

これが包括的性教育につながりますが、「生理は我慢しなくていいんだよ」「産婦人科に相談してみていいんだよ」ということも、学校で教えていただくのが一番、1人も取り残すことなく伝えられる方法だと思います。

家での声かけは単純で、父親母親関係なく、あらかじめ「生理痛がある、量が多い、生理じゃないときにも出血がある、生理の期間が長い、だらだら続くなど、どんなことでも、

生理に関することでしんどいことがあったら、1ミリも我慢しなくていいからね、産婦人科に行こう」と伝えることです。とにかく1ミリも我慢しなくていいから相談してねと伝えておくことが大切です。

生理痛は本当に人それぞれなので、母親は全然しんどくないけど娘さんはかなり生理痛が重いということもあります。自分を基準にしないことがとても大切です。

自分はこれで楽になったよという話はしてもいいですが、医療でないものはすべてが効くとは限りません。

もちろん「ママしんどくないし、あなたも我慢できるでしょ」なんて絶対NGです。「ママも我慢してたから、あなたも我慢しなさい」も当然なしです。

男性だから知らないというだけでなく、今の保護者世代全体にアップデートが必要です。性教育の本が増えてきているので、それを一緒に読むのもいいかもしれません。今の子はこういうふうに教わるんだということもわかりますし、そのときに「本当はこういうことを教わるべきだったんだな」という視点で見ていただくといいと思います。

犬山　男親だからじゃなくて、すべての保護者が意識と行動を改革する必要があるんですね。

ただ、どれだけあらかじめ声をかけていても父親と生理の話をするのを嫌がる子どももいます。その場合はナナメの関係を作り頼ること、学校の担任の先生や、親族の女性、娘の友人の母親に頼む、などの方法を考えることが重要だと思います。

5章

SNSや
インターネットの
脅威から守りたいから

SNSで架空の中学3年生女子のアカウントを作成。「友達がほしい」とポストすると……
下心ありありの エロ垢 だけど 大丈夫?
2分で 12人からメッセージが その内容は男性の下半身の動画など
そして 2カ月で 200人近くからメッセージ ほとんどが一方的な性的要求
※NHK クローズアップ現代より
最初信頼させて子どもの心をコントロールする「グルーミング」をしてくる大人も
スマホ……
悪い大人から守りたいし
子どもにとって有害なサイトもあるし
LINEでのいじめとか
スマホ依存 怖いし
ママいいな スマホほしいな
でも、スマホはもはやライフライン
どうフィルタリングして コミュニケーションして
いつぐらいから
どんなルールで
ってその動画ストップ!
家のipad
子ども向けを装った不適切動画 エルサゲート

私自身、ずっとスマホを見ています。だめだとわかっていても寝落ちするまでスマホを見てしまい、顔に「ゴトッ」と落としては夜中に「いったあ」と涙目になることも。仕事のメールも、友人とのLINEも、子どもの動画も、娯楽も大体スマホに詰まっているし、依存もしているはずです。

大人の私でこうなのだから、子どもにスマホを渡すとどうなるのだろう？　スマホばかり触って他の大切なことをしなくなっちゃうのじゃないか、ネット上にも危険がいっぱいある、性被害の話もよく聞く、巻き込まれたらどうしよう……そんな心配を持つ人の声もこれまでたくさん聞いてきました。

これまで自分が痛い目にあってきた分、同じ思いをしてほしくないし守りたいという気持ちもあります。

だからといって、スマホを持たせないという選択肢を私は取らないとも思うのです。

スマホは既にライフラインであり、子どもたち世代にとっては孤立しないためにも必要なものだと思うから。仕事だってスマホありきのルールでどんどん動き始めています。

ルールを設けながら、子どもにはいつかスマホを渡したいと思っていて、でも不安がいっぱい。それが私の素直な気持ちです。

1 子どもにスマホを持たせる目安は「ルールを守れるようになったら」

我が家も子どもが事故などに遭っていないか、何かあったときにすぐ助けに行けるようにと、小学校入学を機にGPSを購入しました。キッズケータイやスマホへの移行のタイミングも悩みの種です。

「そろそろスマホを渡してもいい」という目安はあるのでしょうか。ITジャーナリストの鈴木朋子さんにうかがいました。

鈴木 自分専用のスマホを利用している率は、小学生（10歳以上）が約70・4％、中学生が約93・0％、高校生が約99・3％（令和5年度青少年のインターネット利用環境実態調査）。

スマホデビューはだいたい小学校4、5年生からです。一番多いのは中学に入る前ですが、就学前でも自分専用のスマホを持っている子がいます。

文部科学省が行った「GIGAスクール構想」で、小学校から1人1台タブレットを使

うようになっているので、保護者の意識もちょっと変わってきました。これまではできるだけ禁止したいと考えている家庭が多かったのですが、今はいずれ使うものだから、早いうちに渡して学ばせようと考える家庭も増えています。

よくある導入の順序としては、最初は見守り目的でGPSなどの位置情報機器をランドセルに入れるところから始まります。そこからキッズケータイを持たせるか、そのままスマホを持たせるか。ただ、スマホはネットにつながるデバイスなので、キッズケータイなどとは違う種類のもの。**キッズケータイは家族や知り合いとの限られた世界ですが、スマホになると急にインターネットで全世界につながるようになるわけです。**

スマホを渡すベストの時期は家庭によります。たとえば、上にきょうだいがいると、保護者はスマホに関して習熟していますから、下の子に渡すのは早くなる傾向があります。また、仕事などで親が家を空けがちで、祖父母などに送り迎えや見守りをしてほしい場合は、スマホならLINEグループを作って密に連絡ができます。スマホを持たせたほうが、子どもの安全を確保できることもあるわけです（注：LINEは12歳未満は保護者の管理のもとで使用するように推奨しています）。

子どもの性格によっても、渡すタイミングの見極めが必要です。すごく積極的な、いろいろな世界に飛び込みたい子にとっては、早く渡すのは少し危ないともいえます。

逆に、親子のコミュニケーションが取れていて、「これは危ないの？」など、いちいち親に質問してくる性格の子だと安心です。やはり、その子の個性によります。**年齢で決めるのではなく、親が見守れる・子どももある程度判断できる、という時期がきたら持たせてもいいのではないでしょうか。**

犬山 大前提として大切なのは、親子のコミュニケーションが取れていることなんですね。子どもが安心して保護者に相談できるような関係性作りは、スマホだけでなくどんな場面でも大切な土台となるところだと感じます。

まずは「子どもとコミュニケーションが取れていて、ルールについて話し合えるようになり、ある程度ルールを守れるようになったら」が1つの目安なのかもしれません。

2 スマホの渡し方 ルール作りはアナログとデジタルで

「作ったルールを守れるかどうか」をスマホを渡す1つの目安にするのは、とてもしっくりきます。では、そのルール作りはどう進めればよいのでしょうか。なにせ心配事はたくさんあるので、あれもこれも、と混乱しそうです。

鈴木 **スマホを渡す前に、「これは非常に高いもので、毎月ずっとお金を払い続ける」ことを伝えます。保護者が貸してあげるぐらいの渡し方です。**

社用スマホや会社貸与のPCのような感覚ですね。借り物だから大切にしようとも思えます。

保護者が子どものプライバシーに配慮して、「このスマホは子どものもの。だから子どものスマホは覗いてはいけない」と思ってしまうと、何かが起きてもわからなくなってしまうリスクがあります。スマホの画面ロックのパスワードは保護者と共有し、保護者が見たいときにはいつでも見られる状態にしておく。ちょっとおかしいなというときだけ見るのであれば、保護者も罪の意識を持たずにすむと思います。

そして「使わせてあげるから、お約束をしよう」と提案する。私は「2つの見守り」が大事だと話しています。

1つは、アナログ的なもの。家庭のスマホルール作りと、まめな声かけです。はじめに、スマホを使ううえで気をつけるべき点を親子で話し合います。「スマホを利用する時間は21時まで」「スマホで誰かと話すときは、言葉づかいに注意しよう」などのルールを作り、紙に残しておきます。

声かけは、スマホを使っている子どもに保護者の意見を伝えることです。「その動画の表現はあまりよくないと思う」や「それを調べるならこのサイトがおすすめだよ」などと伝えることで、ITリテラシーが育ちます。

一応、保護者のほうが強いスタンスとはいえ、スマホルールは守ってもらえないと意味がないし、反発されることもあります。だから、**話し合うことによって子どもも「自分が約束した」と思えると、守らなきゃいけないと思えるんです。その際に、ルールを破ったときにどうするかまで決めておきます。**「1週間ゲーム禁止」などのペナルティですね。

ただ、スマホを取り上げる、という罰則には注意してほしいんです。子どもにとってスマホはやっと買ってもらえたすごく大事なもの。**「スマホを取り上げます！」と言われる**

のが一番ショックなので、ルール違反を隠したくなってしまうんです。取り上げるのが、保護者として一番頭に浮かびやすいのですが、その前に、時間で使用禁止するとか、このサービスは一度ログアウトしなさいとか、違う方向性で約束を守らせます。何を破ったかによりますけど、スマホを取り上げると子どもの社会の中でうまく生きていけなくなっちゃうこともあるんです。

そして年齢に応じて、ルールの見直しも大切です。守れているところはちょっと緩めてもいいと思います。成績が上がったら動画の視聴時間を少し長くしてあげるとか、習い事が増えたら、「水曜日は21時まで塾に通うから、他の曜日はスマホは21時までだけど、水曜日は22時までいいよ」と、生活実態に合ったルールに変える。それでブレブレになってはだめですが、学年が変わるときなどに定期的に見直して、しっかりルールとして書き残しておけばいいと思います。

もう1つがデジタルの見守り。フィルタリング(ペアレンタルコントロール)を使います。たとえば21時までと約束していても、YouTubeを見ているときっちり21時に終わるとも限らないわけですよね。「あと5分で終わるんだけど」というときでも、フィルタリングなら時間通りに画面ロックがかかる。保護者がパスワードを入れないと動かせない。こうやってフィルタリングをしておくと、親子に余計ないさかいが生まれないのです。

犬山　幼児期に「動画を見るのをそろそろやめなさい」と言ってはけんかになる、を繰り返してきた人も多いことでしょう。やはりフィルタリングは大切ですね。子どもも、この時間は使えないからしょうがないと思えますし。

そして大切なポイントが、18歳未満の青少年がスマホや携帯電話の契約・機種変更をするとき、店頭などでフィルタリングの設定は義務化されているということ。子どものスマホだけでなく、家庭用の子どもにも触らせるタブレット端末にもフィルタリングは必要だと思います。

ここまでルールについて話をうかがってきましたが、気になるのは具体的にどのようなルールを作ればいいのか。各家庭でそれぞれ事情に合うルール作りをするにしてもベースが欲しいですよね。

そこで、ソフトバンク、イオンモバイルのルールを参考に、スマホルールの叩き台を作りました(次ページ参照)。これに、それぞれの家庭に合わせたルールを足したり引いたり、年齢で使用時間を見直すなど、アレンジすることをおすすめします。

大切なのは、子ども自身が納得し「自分も一緒に作ったルール」だと思えることですね。

スマホルールのベース案

- 平日○○時以降、休日○○時以降は使いません
- IDやパスワードを決めて、保護者に報告しましょう
- パスワードはどんなに信頼している友達でも教えません
- ゲームやアプリでお金がかかるときは相談します。
  勝手に課金はしません
- 学校の宿題や翌日の準備が終わるまで使いません
- チェックしたSNS以外使いません
  □LINE　□ X（旧Twitter）　□ Instagram　□TikTok
  □その他（　　　　　）
- SNSやメールのやり取りは、使う言葉や内容に注意します
- 自分や友だちの個人情報（名前、住所、電話番号、学校名など）をSNSやネットに書き込みません。
  居場所がわかるような写真も投稿しません
- 友達や有名人の悪口をSNSやネットに書き込みません
- 信用している相手であっても、
  見られて困る動画や写真は撮らせません、送りません
- フィルタリング（有害サイトアクセス制限）を使います
- スマホで困ったことがあったらすぐに相談します
- 「歩きスマホ」や「ながらスマホ」は絶対にしません

ＮＴＴドコモが、日本全国の13～15歳までのスマートフォンを持っている中学生男女180名を対象に実施した調査によると、「親と決めたスマホルールを破った経験がある」中学生は63%にのぼっています。親に内緒で課金をしたことがある中学生も約5人に1人。親に課金が「一度もバレていない」という回答は68%にのぼっています。

ルールは破ってしまう前提で、「破ってしまったらどうするか」の罰則も子どもと一緒に決めておく必要性を感じます。

3 子どもはパスワードや個人情報を気軽に教えてしまう

大きなルールを作っても、まだまだ子どもにネットを使わせることに不安はたくさんあります。スマホにかなり詳しい人のお子さんがSNSを経由して、人助けのつもりが詐欺に加担させられたケースを知って、さらに不安になりました。闇バイトといえば、実行犯として受け子をさせられる印象がありましたが、誰かに会わずとも情報を渡すことで加担してしまうケースがあるのですね。

鈴木 子どもが詐欺の受け子にされた事件がありました。悪い人に「PayPay（ペイペイ）を作って」と言われて、子どもが作り、そのパスワードを教えてしまったのです。その結果、詐欺師もそのPayPayを使えるようになってしまいました。**子どもはパスワードを大事だと思っていないことが多く、友達と教え合ったりします。**「私、推しの誕生日をパスワードにしてるの」とか。

同級生同士でアカウントの乗っ取りがあったりもします。パスワードを教えなくても、悪意のある同級生がペットの名前などを手当たり次第に入れて乗っ取るケースもあります。そしてもちろん、問題は同級生同士だけではありません。悪意のある人にネット上で個人情報を抜かれてしまうこともあります。たとえば、TikTok（ティックトック）に公園で踊っている動画を載せたら、家や学校のそばの公園が特定されますし、制服だったらどこの学校かわかります。

家の場所を書くのはもちろん危険ですが、ゲリラ豪雨や雪が降ったなど、家の近くで起こっていることを書くのも危険です。また、X（旧ツイッター）やインスタグラムで**「#春から〇〇高校」といったハッシュタグを使って新入生同士でLINEグループに集まろうとするのですが、悪い大人も「俺も〇〇高校」と言ってそこに入ってきます。**それで個人情報を抜くのです。若い人たちに出会おうとする執念がすごいのです。

「中学生副業しませんか？」という情報商材もあります。儲かるマニュアルを売りますとか、芸能人の裏情報のドキュメントを売りますなどです。たとえばアイドルのファン狙いの場合、ファンに伝わる絵文字で表記して、検索でヒットしやすくしたりもします。そして、詐欺師は自分も中学生だと言って、一緒にお小遣い稼ぎしようと誘うケースも多くあります。「このマニュアルで私と同じように売ればいいんだよ」と言われると、警戒心が薄れてしまいます。

「こういう詐欺があるよ」とよく話してあげることが大切です。お金をネット経由で払うのは、子どもには大変です。クレジットカードがないので、コンビニ払いにしたり、メルカリを経由したりします。その辺で変な動きを保護者は感じやすいかもしれません。メルカリは年齢関係なく利用できるので、詐欺に利用されている実態があります。

4 SNSいじめを知っておく

SNSいじめについても知っておきたいです。私は思春期にSNSがなかった世代なので、今SNSを使っていても「学生のSNS利用」は未知。とくに、女の子が被害に遭ういじめは、どのようなものを使った、どんなものが多いのでしょうか。

鈴木 女の子同士だと、お友達同士のトラブルが非常に多いです。今は、学校が終わってもずっとつながり続けています。夏休みでもつながり続けているわけです。よくあるのは、**LINEグループで、10人グループの他にもう1つ別に9人グループがあることです。**

ツーショットで撮った写真をよくプロフィールにするのですが、プロフィール写真はしょっちゅう変えます（A子とのツーショット、B子とのツーショットなど）。親しいことを見せるためにプロフィール画像にするのです。それで、C子とだけはそれをやらないとか。

また、インスタグラムのストーリーズの「親しい友達」。会話の中で、「A子ちゃんのこのストーリーでさ〜」とB子が話すと、C子が「ええ、私見れてない」みたいな。いじめまではいかないかもしれませんが、SNSだと「仲間外れ」を続けられるんですね。

SNSでの言葉の使い方も重要です。誤解を受けるような言葉の使い方をしないことが大切です。たとえば、「どっちでもいいよ」はポジティブなのかネガティブな響きなのかは、文字だけでは伝わりません。ニュアンスをうまく伝えられるようにするのが大切です。

子どものLINEグループでけんかがヒートアップすることもよくあります。あげ足を取って攻めていく形で。内容は部活のやり方などですが、子どもは次の日も会うことが多いので、子どもから相談されたら「リアルで話したほうがいいんじゃない」とアドバイスするのがいいと思います。誤解のない言葉づかいに関しては、家族のLINEグループで練習しておくといいですね。

また、**鍵アカウント（非公開）の裏切りもあります。**ストーリーズの親しい友人にしか見られない投稿で、表では書けないプライベートを出す。たとえば「A子ちゃんって嫌だよね」とストーリーズに陰口を書きます。するとそれを見た人が、スクリーンショットを撮ったり、画面収録で動画を撮ったりして、公開している以外の子にシェアします。そうすると、その子が違う友達にシェアし、その子がまた違う人にシェアすれば、やがて知らない人にまで伝わってしまいます。ネットの話題になりそうな、たとえば未成年飲酒の動画などは、公開した範囲以外にどんどん流れていきます。スシローでテーブルの醤油さしをなめた迷惑動画もそうでしたね。スシローの件に関しては、迷惑行為をした子だけでなく、撮影者など数人が書類送検されました。被害に遭うだけでなく、加害してしまう危険性があるのです。

犬山 親しい友人にのみ公開するX（旧ツイッター）の鍵アカウントは、表では書かないような愚痴や個人情報を載せるハードルがグッと低くなってしまうのですね。本当に信頼できる人だけに限定するのも難しいんだろうなと思います。

思春期は内輪ノリでちょっと羽目を外しちゃうこともあるはず。グループ内のポジションや圧の関係で、本当はやりたくなかったけど断れない、みたいなことも起こりうるんだと想像できます。

よく言われるわかりやすい教え方は、「自宅の玄関ドアに貼れない写真・コメントは送信してはいけない」というもの。これも伝えられたらと思います。

5

インターネット上の性被害からの守り方

今回、この章で私が一番不安に思い、危惧しているのはネットで性被害に巻き込まれてしまわないかということ。ネット上で性被害に遭うとデジタルタトゥーとして残ってしまうこともあり、本当に怖いです。

NHK「クローズアップ現代」が行った調査では、SNS上に架空の中学3年生の女の子のアカウントを作成、「友達がほしい」とつぶやくと、わずか2分で12人からメッセージが送られてきました。その内容は「下心ありありのエロ垢だけど、大丈夫かな?」や、男性の下半身があらわになった動画。たった2分で性被害に遭ったのです。その後2カ月経ち、メッセージを送ってきた人物は200人近く、そのほとんどが男性とみられるアカウントからの一方的な性的要求だったそうです。中には、性的なことは一切書かずに気遣うメッセージを送ってくる40代男性もいましたが、安心感が芽生えた頃に「ストレスがたまる」と愚痴をこぼしたら、性行為を「いいことだ」と言いながら求めるメッセージをしてきたのです。

鈴木 SNSは基本13歳から始められます。今はインスタグラムが主流で、とくに女子はインスタグラムなんですね。基本はLINE、インスタグラム、X（旧ツイッター）、TikTok（ティックトック）の順。大人に人気のあるFacebook（Meta）はほとんど使っていません。

加害者はまず、インスタグラムで現役の中高生を探します。子どもたちのSNSは基本的に、フォロー・フォロワーが全員知り合い。同級生や先輩ばかりです。だから、1人見つかれば、その子のフォロー・フォロワーリストから、全員にアクセスしていきます。

犯罪的なことは、投稿などの他人から見える場所でなく、DM（ダイレクトメッセージ）で行われます。 DMは年齢により制限が設けられています。インスタグラムは10代のユーザーに対して、フォローしていないユーザーやつながりのないユーザーからのDMの受信をデフォルトでオフにしています。

また、未成年と相互フォローではない成人からのDMは禁止されていたり、未成年を狙っているアカウント（未成年のアカウントに最近ブロックされていたり、未成年のアカウントを一度にたくさんフォローしたりする等の行為）は未成年をフォローできなくなるという、未成年を保護する機能もありますが、相互フォローになってしまうとDMは送れてしまいます。TikTokは16歳まで、DMは開放されません。ペアレンタルコントロール機能により、DMを送信できる相手も限定できます。とはいえ、加害者は狙いを定めると他のSNSアカウントも見つけ出し、連絡を取ってきます。

加害者は、いくらでも自分を偽ります。どこからかプロフィール画像を拾ってきて、自分も同じ歳くらいだからと装うのです。そうすると相互フォローになってしまうこともある。でも、子どもも慣れてくると、「これは偽アカだ」ってわかるんですよ。全然フォロワーがいないし、同い年っぽい子とのやり取りもないし、やたらいろいろな女の子をフォローしているなどで。

片っ端からフォローしてくる相手だと友達同士で共有されます。みんなで「この人からDMきた」「私もきた」と共有できると、「じゃあ変な人なんじゃない？」と。そうすると「じゃあ無視しよう」とできるんですけど、それでもおもしろがって返事する子も出てくる。「私返事してみたよ」と。下手すれば仲よくなってしまう。なのでやはりできる制限をかけておくことが大切ですね。

SNSは利用者年齢に達していなくても使いたがる子が多いのですが、必ず13歳以上になってからにしてください。お子さんが早くSNSを始めたくて年齢を偽ったら、悪い大人とつながってしまいます。

そして、**最初はアカウントを作ったら、保護者と相互フォローしてもらうことがおすすめです。**アンケートを見ていても、子どもも保護者とつながるのはそれほど嫌じゃない。子どものほうも、一緒に楽しみたいと思っているんですね。

（犬山）SNSは始めたばかりの試用運転期間に「保護者と相互でも大丈夫な運用をする」をやっておくのは、SNSの補助輪のようなものになるのかもしれません。

また、DMを制限しない場合は「DMは親が管理しています」の一言をプロフィールに入れるのが大切だと思います。

6 オンライングルーミングの危険性

大人は「悪い人に気をつけて」と伝えがちですが、加害者は子どもにとっていい大人を装ってくると聞きます。先述の「クローズアップ現代」の調査の40代男性もそうでした。子どもからすると、「大人の人で私と同じ目線でこんなに話を聞いてくれる人は初めて」と思うような。だから「悪い人」って抽象的に伝えるのではなく、具体的な手口を保護者が知り、伝える必要があると思います。

鈴木　最初は優しく、変なことを言わず、とにかく話をたくさん聞いてくれて、肯定してくれます。1日に何度もやり取りするので、だんだん心を許していきます。これは「オンライングルーミング」と呼ばれます。

だんだん話がおかしくなってくるけれど、その頃にはもう個人情報も雑談の中で話してしまっているので、逃げられないのです。言うことを聞かないと脅されてしまいます。でも、その段階でもまだ「あの人は悪い人じゃない」と信じているのです。

思春期だと、もともと保護者や先生にちょっと反抗心があったりします。また、自分を加害するような大人の存在を想像できない子どもも多いのです。だから普通に優しく話を聞いてくれると、信じてしまいます。保護者にも友達にも言えない悩みは、そういう人のほうが話しやすいのです。

被害を防ぐためには、まず、会わないというのが何よりも絶対です。会わないのはすごく大事ですが、相手はどうにかして「会おう」と言ってきます。

たとえば、その子が欲しい推しのグッズが5種類ランダムで販売されていると、欲しいものが出たから交換しようと持ちかけてくるのです。コンサートチケットの交換などもよくあります。

「会おう」と言われたら、保護者に相談してほしいです。できれば保護者も一緒に行って、広い場所や人がいるところで会うのがよいです。相談してもらえるようになるために、前提として、**親子でスマホの中をブラックボックスにしないことが大切です。**

保護者も普段から、自分のスマホをちょっと見せるようにします。全部は見せなくていいですが、「お母さんのスマホ見ないで」とすると、子どもも「見ないで」となってしまいます。

たまには、スマホを見せながら「ママの友達がこんなこと言っててておもしろいよね」というように、普通にスマホの中のことを話す家庭のムード作りをしておくとよいです。すると、子どもも「この人、すごくいい人で、推しのグッズくれるって言ってる」と話してくれます。そうしたら「ちょっと待って。会って大丈夫なの？」と言えるのです。

犬山　保護者が想定する以上に、あの手この手で子どもと会おうとするのだと知っておく必要がありますね。子どもは相手を信じていて、欲しい物があったら、会ってしまうかもしれない。オンライングルーミングの手法を教え、「信頼できると思った相手でも個人情報や画像は絶対送らない」と何度も伝える必要性を感じます。

そして、こういったニュースを見聞きしたときに、「被害者も悪い」などと言ってしまうと、いざというときに子どもが相談してくれなくなってしまうかもしれないので気をつけたいところです。

7 性的な画像の送りつけや、送付要求は同級生からも

会うのを阻止できてもDM上での写真のやり取りによる性被害も心配です。櫻井鼓さんの『性犯罪・性暴力被害の実態と課題～ネットを介した性被害調査～』によると、「児童期に性的な自画撮り画像を他者に送信した経験がある」と回答したのは40人に1人。クラスに1人は送っているという高い割合です。

鈴木　DM上での写真のやり取りによる性被害もあります。けっこう多いんですよね。**大人だけでなく、同級生同士でもあります。**LINEに猥褻な画像を送ったり、アダルトサイトのリンクを送って「どう思う?」と聞いてきたり、「オナニーするの?」「セックスって知ってる?」と質問してきたりします。でも、たぶん彼のお母さんは知らないと思うんです。女の子側の保護者も言いにくいですよね。「あなたの息子さんからエッチな画像が送られています」と言ったら大事になりそうだし、「なんで言うの」と娘も責められちゃう。すごく難しいんですよね。だから、**そういうLINEは無視していいと伝えたほうがいい**

です。真面目に答えようとしちゃうので。結局、女の子の反応が楽しいという意味では、大人からのデジタル性被害と一緒です。

知らない相手からは、入り口としてはインスタグラムやX（旧ツイッター）が多く、そこからLINEを交換して、そこで画像を送る形が多いです。同い年を装い「自分の胸の形が変だ」とか「母親が買ってくるこの下着がいまいち気に入らないんだけど」と言って、向こうが画像を送ってくる。そして「あなたも送ってきて」と言うケースもあります。

胸や下着の写真はネットで拾ったものを送ってきています。それに対して「返してくれないの。ひどい」と言われると、返さなきゃいけないと思ってしまいます。でも送り返してしまうと、自分が送った画像に、向こうが知っている個人情報がついてしまうんですよね。「自画撮り被害」と言い、すごく多いです。

デジタル系の性被害は、実際に会わない犯罪が多いんです。会って何かしたら、捕まる可能性が高くなることを大人はわかっているので。「デジタル上で楽しみたい」という感覚で、画像ゲットまで頑張るぞという感じでやっていると思います。

TikTokはDMで画像を送れません。それが他のサービスと大きく違う点ですね。画像を送れるとQRコードの画像を送れるので、LINEでつながりやすい。加害者と子どもはオンラインゲームやメタバースなどいろいろなところから知り合いますが、メッセージをやり取りするのにはLINEが一番楽なので、最終的に交換してしまうのです。

大切なことですが、男子も被害に遭います。男子同士でオンラインゲームで知り合って、毎日のようにログインしてゲームをする。だんだん仲よくなって、「うちでみんなで集まってゲームしよう」と言われて、そこで性被害に遭ってしまうケースがあります。中学生くらいの男の子からすると、たとえば20歳くらいの男性であれば安心して出かけてしまうと思います。そういう被害に遭ってしまうと、男子はより人に言いづらいのです。

ここまでSNSについて話しましたが、**出会いの場はSNSだけでなく、オンラインゲームやチャットにもあり、よく利用されています。**アバターでゲームするものだと、すごくかわいい女の子の姿にしてあったりするので警戒心が緩みやすいです。また、音声チャットだと履歴が残らないので、何かあっても確認できないし証拠も残りません。

出会いのきっかけになるサービスはそれ以外にもどんどん出てきますし、音声アプリや音声チャットで暇な人が集まってしゃべるスタイルのものだと、フィルタリングも何もありません。暴力的な言葉や、性的な言葉を投げつけられてもどうしようもないのです。

犬山　同級生からの加害は、その後被害者を出さないためにも、学校に報告したほうがいいと思います。そのときにプライバシーへの配慮を徹底してもらうこと。専門機関に相談し、学校にどう伝えたらよいか聞くのもいいと思います。スクールカウンセラーに相談するのも1つの手ですね。

また、児童ポルノの犯罪は、加害者の欲のためだけではなく、金儲けの側面もかなり強くあります。2020年に国内最大級の児童ポルノサイトが摘発されたとき、そのサイトの会員数は2万人で運営者は月に億単位の巨額を稼いでいたという事実に、頭を思いっきり殴られたような気持ちになりました。そして出品者の9割は、児童ポルノ自体にはなんの関心もない人たちだったのです。

ライブチャットで言葉巧みに子どもを脱がす大人もいて、それは成人女性よりもはるかに楽だそうです。幸い刑法が改正され「面会要求罪」が2023年7月に施行されました。これは、わいせつ目的で16歳未満との面会を罰するのはもちろん、面会や性的な画像を要求する行為も罰されます。もちろん、児童ポルノ法もあります。しかし、法律ができても加害者がいなくなるわけではない。儲けに対して、罰則が軽微すぎるからです。私は、さらなる厳罰が必要だと強く思います。

子どもへの声かけ以外では、「コドマモ」というアプリを使うのも1つの手です。これは、子どもが危険なチャットやわいせつな自撮りをしたら、AIが自動で検知し、子どもに画像の削除をうながすとともに、保護者にも通知を送るというもの。子どもにきちんと説明し同意を得てから、こういった子どもを守るアプリをスマホやタブレットに入れます。

すでに写真を送ってしまったら、まずは証拠を残してプロに頼りましょう。また、「なんで送ったの」「写真を送るなと言ったでしょう」などと子どもを怒るのは絶対やってはいけないこと。悪いのは100％加害者であること、保護者は何があっても自分の味方であると伝えなければいけません。これはすべての性被害にいえることですね。

「NHKみんなでプラス」の「SNS性犯罪から子どもを守るために　事例と対策は…」から、ネットリテラシー専門家の小木曽健さんの言葉を引用します。

小木曽さん：大切なのは、感情的にならずに淡々と事実を確認することです。

《性的な写真を送ってしまったとき　対応のポイント》

▼どのサービスで、相手とどのようなやり取りをしたか。

▼どのような写真を送ったか。顔は映り込んでいるか。制服は映り込んでいるか。

▼相手から何か要求されているか。

▼個人情報はどこまで知られているか。

小木曽さん：脅迫されている場合には、すぐに警察に相談しましょう。ただし、まだ相手から何も要求がない段階では、親からメッセージを送るなどはいったん避けた方がいいです。

自分の子どもが被害に遭ったら、私もとても冷静ではいられないと思います。怒りで相手に連絡をとってしまいそうになるかもしれません。でも、子どもを守るために冷静に徹して、子どもを安心させること。つらかった気持ちは、後で大人だけのときに語り合って癒す。これを心にしっかり刻んでおかねばならないのですね。

8

子どもの写真をSNSに投稿しない保護者のリテラシーをアップデートする

ここまで子どもにどう教えるか、どう守るかを軸に書いてきましたが、その前に見直すべきは自分のネットリテラシーなのかもしれません。性教育と同じく、ネット教育を受けていない保護者世代がまず学ぶ必要があると思うのです。

鈴木 まず保護者がサービスを何も知らないと、子どもも相談する気が失せます。**つまらないと思っても、子どもが使っているアプリは少しはやっておく（見ておく）必要があります。**そうすると、用語もちょっとわかります。「○○にリポストされちゃった」と子どもが話しているのに、「リポストって何？」といちいち会話が止まると「ママはわかんないよね」となって話してくれなくなってしまいます。なので子どもが「このアプリ使いたい」とか「友達が教えてくれたアプリ入れてもいい？」って言ったときに、まず保護者が使って様子を見る。そうすると、たとえばゲームアプリでも、「子どもに使わせるときにはチャットはオフにしとこう」など対策が打てます。

まずはちゃんと規制して、少しずつ開放していくのがいいのです。フィルタリングも最初はガチガチにして、少しずつ開放していく。フィルタリングしたら100%防げるわけではありませんが、運転するときのシートベルトのように思ってもらえるといいと思います。100%守れるわけではないけれど、でもしておいたほうがいい。

高校生くらいになると、パソコンで部活のまとめを作ったり、公式アカウントを作ったりします。保護者がそこまでにリテラシーを伝え、レベルを上げてあげる。教育の1つだと思います。

そのためにはまず、保護者のリテラシーを上げなければいけません。保護者が子どもの写真を顔出しでアップしたり、個人情報がバレるような投稿をしていたりすることもあります。フランスでは2024年2月、子どもの情報を親が勝手に共有することを罰する法律が可決されました。これは、児童ポルノの半分は保護者がSNSに投稿した子どもの写真であること、未成年のプライバシー侵害を問題視して作られた法案です。日本では私の知る限り、そういった動きはありません。

また、**子どもは初めての検索で、保護者や友達の保護者のアカウントを探すんですよ。**そこに友達の小さい頃の写真があったりする。保護者が赤裸々に育児の悩みをつづっていたら、「あいつ小さい頃、〇〇だったらしいよ」のような中傷につながりかねないと思うのです。

私は、**子どもが検索をする年齢になる前に、保護者のＳＮＳアカウントは「作り直したら」とアドバイスしています。**お父さんがセクシーなアカウントばかりをフォローしている、性的な発言を繰り返している、そんなことが見られてしまうのですから。これから大人は試されてくると思います。


（犬山）私は子どもの写真をアップするときは、顔をすべて隠すようにしています。しかし、顔を隠していても子どもの個人情報や子どもを主体に置いた投稿は、もし子どもがいいと言ったとしても問題があるケースもあると考えています。

そしてどうか、児童ポルノにつながってしまう、裸の写真、水着の写真、露出の多い写真はアップしないでほしいと願います。「まさかこんな小さな子に（赤ちゃんに対しても）性的なことを考える人がいる？」と、悪意なく投稿してしまうことが多いと思いますが、児童ポルノの半分は保護者がＳＮＳに投稿した写真だといわれています。

9 おすすめの機能やアプリ

ネット広告もかなり気になっているところです。たとえば、子どもと一緒にスマホでゲームの攻略サイトを見ていると、ドーンと急にわいせつな広告が出てくる。「いやらしく見える」レベルではなく、あきらかな成人向け作品の広告が、ブログでも、レシピを検索しても出てきます。そのため、検索するときは子どもに見せないようにしています。家のタブレットは、フィルタリングをしてもエロ広告は表示されてしまうので、広告ブロックアプリを入れざるを得ませんでした。

これについてあきらめたくないので、#政治家はネットのエロ広告規制に動いてください　というハッシュタグをX（旧ツイッター）で作りました。すると、みるみるうちにたくさんの方がハッシュタグでつぶやきました。多くの人が表示されるエロ広告に困っていたのです。

鈴木 広告をブロックするアプリを作っているところもありますね。

たとえば、「Brave」というブラウザアプリでＷｅｂサイトを見れば、とくに設定しなくても自動的に広告が表示されません。Braveで視聴すれば、YouTubeの広告も再生されません。Braveはｉ－ＯＳ、Androidの両方で利用できます。

また、ｉ－ＯＳの標準ブラウザSafariを使い続けたいなら、「AdBlock Pro」もおすすめです。Androidの場合、Chromeの設定で「ポップアップとリダイレクト」をブロックすることができます。

ただ、困るのが、ＳＮＳでリンクを開くと、アプリ内ブラウザが開くんですね。たとえばＬＩＮＥでリンクを押すと、ＬＩＮＥの中のブラウザで開いてしまうため、そこは制限できないのです。

子どもにスマホを持たせたら、フィルタリング（ペアレンタルコントロール）は必ずかけてほしいです。フィルタリングは大きく分けて2種類あります。

①ドコモなどのキャリアがやっている「あんしんフィルター」

②スマホのＯＳでできる（ｉ－ＯＳはファミリー共有とスクリーンタイム、Androidはファミリーリンク とDigital Wellbeing）機能

①②のどちらかは設定してほしいと思います。

①の携帯キャリアがやっているのは、「中学生だったらこのアプリはふさわしいです／

ふさわしくないです」のように、年齢でざっくり切ったものを利用できます。①のiOSやAndroidのものは、手順に沿って進めれば、その子に合わせたものを作れます。時間制限だけでなく、アプリのインストールや課金を親のスマホからの許可がないと行えなくなるので、親としてはかなり安心できます。

課金で一番怖いのは、保護者のスマホを貸しているときです。保護者のスマホには決済情報が入っている。保護者のお古のスマホでも、家族共有のタブレットでも、決済情報が入っていれば大人と同じように課金ができてしまいます。小学生が家族共有のタブレットで150万円以上のゲーム課金をした事例もあります。これらのお金は大体返ってこないので、課金も全部許可制にすること。

フィルタリング（ペアレンタルコントロール）を設定すると、Androidはファミリーリンクで位置情報も見られるので、見守りにも使えるメリットがあります。iPhoneの場合でも、子どもの位置情報は「ファミリー共有」などで把握できます。

ここまで、ネットの危険性を伝えてきましたが、SNSはある程度個人情報を出さないとつまらないし不便ですよね。X（旧ツイッター）で好きなものを一切発信しないだなんてつまらないし、そんなことは難しいはずです。

私の友達の息子さんは、石や古いもの、骨董がすごい好きだけど、自分の学校にそんな友達はひとりもいない。でもインスタグラムにはいっぱいいて、仲間とつながってイベントに呼んでもらったりして生き生きしているんです。そういうよい面もあります。

保護者が子どもと密にコミュニケーションを取って、何に夢中になっているのかを知っておくといいですよね。子どもがスマホで何をしているのかがわからないから不安になってしまうのです。逆に、スマホで何をしているかわかると「あ、今プログラミングについて調べてるんだな」と安心できます。また、「文化祭前で、友達とのＬＩＮＥグループでいっぱい相談してるんだな」とわかれば「今日はちょっとＬＩＮＥが長めでも言わないであげようかな」と思えますから。

犬山 大切なポイントはやはり「フィルタリングは必須」「常日頃、大切なことを伝え続ける」「悩み事を話してくれる関係性を作っておく」の３点なんだと思いました。

まずは被害に遭わせたくない。被害に遭う前に相談してもらう。万が一、何か情報を出してしまったときや被害に遭ったときにも、相談してもらえる関係性を作る。

そもそも子どもを取り巻くネット上の危険は、子どもに加害する大人のせいです。スマホやネットを使うことがそんな大人のせいで制限されてしまうことに、いち大人として申し訳ない気持ちでいっぱいです。

子どもがのびのび調べたいものを調べ、児童ポルノや詐欺に怯えずにすむネット環境を大人は作る責務があるんだと痛感させられました。ちょっとずつ、大人ができるときに子どもを守るために声を上げてゆけたら、と思うのです。

6章

どんな性でも、
愛されていると
感じてほしいから

子どもがどんな
セクシュアリティ
でも当たり前に
愛してる!
という
気持ちと
性的マイノリティ
だった場合
社会で傷つけられ
ちゃわないかな
という不安と
性的マイノリティの
のお友達を傷つけて
ほしくない
という気持ち
と、いうか私の
無知のせいで
傷つけてしまうかも
私の友達にも
いるから
わかるよ!
私偏見ないよ!
大丈夫!
みたいな善意からの
傷つけやっちゃいそう
と、いうわけで
まずは大人が
学ぶところから!
そして、子どもにとって
家の中が安全な
空間になるよう
頑張る!
スチャ
守るのは
そこから
だ!

子どもが性的マイノリティだったら。

子どもが性的マイノリティの友人を傷つけないためには。

保護者自身が性的マイノリティだったら。

子どもに何をどう伝えたらよいのだろう。

私は1981年生まれですが、授業で性的マイノリティについて習った記憶がありません。私が目にする彼ら・彼女らの姿はおもにテレビで、多くの人は「いじっていい、笑っていい人」という扱いを受けていました。「ホモ」「レズ」「おかま」など、差別的な呼び方が当たり前にされており、シスヘテロがその言葉を揶揄の意味で使い、笑いを取るのです。

お茶の間の多くの人たちがそれを見て、当然のように笑っていました。子どもに優しいと評判の人も、部下に優しいと好かれていた人も、笑っていた、そんな時代。

だから、まずは大人が学ぶことが何よりも大切じゃないかなと思います。そして、反省をすることから始める必要があると思うのです。

今の子どもたちは教科書で性的マイノリティについて習うことも増えましたが、十分ではないし、習うタイミングのもっと前、幼稚園児や保育園児にも知っておいてほしい。幼稚園の頃いじわるされた、いじめられた傷を大人になっても抱え続ける人がたくさんいるからです。幼少期から傷ついてほしくないし、傷つける側にも回ってほしくないと思います。

1 性は誰でもグラデーション

私自身、成人するまで性的マイノリティの人と出会ったのは1名と記憶しています。同じ学校、同じクラス、近くにきっといたはずなのに、1名しか認知していなかった。それは性的マイノリティの子どもがそれを隠して生きなければいけなかったことを意味すると思います。

正しい知識があったとはとても言えない学生時代の私は、不用意な発言で傷つけてしまっていたんじゃないだろうか。「私は偏見ないし、大丈夫！」というような発言をしてしまっていた気がします。大丈夫って、上から目線で人を判断している言葉です。知識があれば、傷つけることはもっともっと減らせたのではないでしょうか。無知の罪深さを痛感するのです。

みたらし SOGIを最初に学ぶのがよいと思います。SOGIとは、Sexual Orientation & Gender Identityの頭文字で、日本語では「性的指向、性自認」になります。そのSO

Gーの中には、わかりやすく説明すると4つの性があるといわれてます。

① **「割り当てられた性別」**：生まれたときにお医者さんから診断をされる性別

② **「性自認」**：自分の性別のあり方

③ **「好きになる性」**：どの性を好きになるか、あるいはならないか

④ **「表現する性」**：自分をどう表現するか

①〜④が組み合わさっているわけです。

この4つはLGBTQ＋の当事者のお子さんだけじゃなくて、これを読んでいる保護者も含めて、すべての方にあります。たとえば、自分の③好きになる性が「異性」であれば、あなたのセクシュアリティは「ヘテロセクシュアル（異性愛者）」というものですし、①割り当てられた性別と②性自認が同じであれば「シスジェンダー」と呼ばれます。①割り当てられた性別と②性自認が違う場合は、「トランスジェンダー」と呼びます。

そして、LGBTQ＋は、Lがレズビアン、Gがゲイ、Bがバイセクシュアル、Tがトランスジェンダー、Qはクィアやクエスチョニングと呼ばれています。クエスチョニングは自分の性自認や性的指向について、自分の中で定まってない、あえて決めないほうが生きやすい人のことを指します。＋は、何かの頭文字ではなく、他にもさまざまなセクシュアリティがあるということを指します。

私たちは学校教育で、この4つの性であるSOGIについて習ってきていないので、混乱することもあると思います。たとえば、「自分はレズビアンなんだ」と保護者にカミングアウトしたときに、「女が好きってことは、男になりたいってことなの？」と言われてしまうケースがよくあります。女性として女性を好きになること、男性として男性を好きになることは自然なことです。

また、「トランスジェンダー」だとしても、③好きになる性というものがあるので、トランスジェンダーの中にも異性を好きになる人もいれば、同性を好きになる人もいます。

こう書くと複雑に見えますが、**自分自身の4つの性についてお子さんと一緒に話し合ってみるのも1つの方法です。そのときはぜひ、保護者の方も一緒に考えてみてほしいなと思います。**

また、性自認に関しては揺れ動くものではあるのですが、揺れ動きという表現をすると、「男の子に生まれて今は女の子の格好をしてるけど、また男の子に戻るのかしら」というニュアンスに取られやすいので、注意が必要だとも思います。性自認というと、「自認」という言葉のニュアンスによって「自分で選択しているもの」と認識されやすいのです。しかし、性自認は「自分で選べる」ものではないので、「変わっていく」可能性はあっても、「変えられるものではない」ということも広まってほしいと思います。

犬山　まずは保護者自身が自分のＳＯＧＩを知ることで自分事化がしやすいですね。私も自分のＳＯＧＩを今一度確認しようと思います。

また、「レズ」や「ホモ」が蔑称として使われてきた歴史があることも知っておく必要があります。レズではなく「レズビアン」、ホモではなく「ゲイ」と表現したほうがよいといわれています。蔑称だと知らずに使っている人も多くいる印象なので、ＳＯＧＩを含めて周りにシェアすることも大切だと思います。

自分のSOGIを考えてみよう

① 割り当てられた性別：
生まれたときにお医者さんから診断された性別

② 性自認：自分の性別のあり方

③ 好きになる性：
どの性を好きになるか、あるいはならないか

④ 表現する性：自分をどう表現するか

「男」「女」の２択で書かなくてもＯＫです。答えが出せなくてもいいので、今思っていることをそのまま書いてみましょう。

2 知識をアップデートし続ける姿勢が話しやすい空気を作る

子どもが性的マイノリティの場合、家族にカミングアウトするのはかなり勇気のいることだと思います。それとなくそうかなと思っても、無理にカミングアウトしてと強要するのは違うはず。子どもが悩みを話しやすい空気作りのために、できることはなんでしょうか。

みたらし これはLGBTQ+に限らず、すべてのトピックで言えることだと思いますが、特定の人種や、宗教、あと性別、セクシュアリティに関して、主語を大きくして話さないことが大事になってくると思います。たとえば「黒人はこうなんだね」「イスラム教の人ってこうだよね」などと言っているのを聞くと、それを自分のマイノリティ性につなげやすくなってしまいます。たとえ保護者がLGBTQ+の話をしていなかったとしても、「自分がレズビアンだと言ったら、こんなふうなジャッジされてしまうんだ」と感じてしまう。**子どもにも、自分の家族の中にも、マイノリティ性を持った人がいると仮定して、特定の**

属性に関して主語を大きくして話さないほうが、過ごしやすくカミングアウトしやすい環境になりやすいと感じています。

とはいえ、家だと気を抜いて大きな主語で話してしまうことがあるかもしれません。もし言ってしまったら「これは自分の偏見なんだけど」「自分が偏ってるのはわかってるんだけど」というような前置きがあると、少し和らぐでしょう。やはり、そういう日々の小さな表現の積み重ねが、子どもにとっての話しやすさにつながることもあると思います。

他には、保護者が学ぶ姿勢を持っている姿を見せてあげることがとても大切だと思います。たとえば「LGBTQ＋ってなあに？」というような本が棚にあるだけでも子どもは、「お母さん（お父さん）、関心持ってるんだ」と思いやすい。これは私自身にも言えることですが、**知識を固定化してない姿勢を持ち続けることが大切なんだと思います。**

保護者が2人いる場合は、お互いが相手の発言に対してしっかり意見できる関係性があることも必要です。家族の中にも力関係はあるので、その力関係が均等に保たれていることが大切です。たとえばお父さんが「この人は変だ」のようなことを言っていたら、お母さんが「いや、そんなことは言っちゃいけないんだよ」「そういう人ばっかりじゃないよ」と、お互いにフォローできる関係を持ち続けるのは、理想的だと思います。

ただ、もちろん関係性によっては強く言えないケースがあったりもしますよね。その場合には、子どもと秘密の関係を作っておくのがよいと思います。「あ、不適切なこと言ってるな、でも指摘しづらいな」というときに子どもにちょっと目配せしたりとか。開かれた場所での関係性作りも大事ですけど、閉ざされた場所、1対1の関係性の中で、「ちゃんとわかってるよ、私は」という目配せをするだけでも、安全な場所になりますよね。

犬山 「うちの親は考えが古いから話しても無駄」とジェンダーについて話すのをあきらめる人をたくさん見てきました。それでもやり方があるんですよね。完璧に知識をつけて傷ひとつつけないのは無理かもしれませんが、学ぼうとしている、差別はよくないことだという姿勢を見せ続ける大切さを感じます。

3 カミングアウトされたとき言ってはいけないこと

子どもがカミングアウトしてくれたときは、どうしたらいいのでしょう。差別や偏見をぶつけないのはあたりまえとして、それでも善意で傷つけることを言ってしまうかもしれませんよね。

みたらし　子どもたちにとってカミングアウトというのは、ときに「自分の安全な場所が失われるかもしれない」と恐怖を覚えるような行為です。生半可な気持ちでカミングアウトはできません。これは保護者の方だけではなくすべての「カミングアウトを受けた人」に共通するものだと思いますが、まずは「教えてくれてありがとう」という言葉や姿勢を伝えることは大切です。

傷つける可能性があるのは、たとえば「大丈夫、いつかは異性を好きになるから」や「いつかは女性（男性）に戻るから」といった言葉です。突然カミングアウトをされて驚いたり、ショックを受けてしまう保護者の方もいるかもしれませんが、そういったときは衝動に任せた言葉を使わずに、「大切なことを教えてくれてありがとう。でもあなたにちゃんと向き合いたいから、少しだけ時間をくれるかな」と伝えてみてください。子どもにとっての「最初のカミングアウト」は、私たち大人が思っている以上に、のちの人生に影響を及ぼします。そこで拒絶された子どもは、この先もずっと人を信じられない気持ちを抱く可能性もあるのです。

ただ、私たちだって人間です。間違うこともあると思います。そんなときは「あのときは間違っていた。そんなあなたも愛している」と伝えてあげてください。その一言で、救われる気持ちがあるんですよね。

犬山　私たちが伝えたいのは「あなたのことはこれからも変わらず愛していて味方だ」ということのはず。その気持ちも伝えられるとよいですね。

4 カミングアウト後に安心させられる言葉

言わないほうがいい言葉を先に聞いてしまいましたが、大切なのはまず安心してもらうこと。もちろん、それぞれの関係性がありますし、「正解はこれだ！」というものでもありません。覚えた言葉をそのまま口にしても、心が入ってなかったら意味がありません。

でも、学べることだってたくさんあるはず。学んでおいて、自分の言葉で子どもを安心させられたらいいなと思うのです。


みたらし **まずは「話してくれてありがとう」です。**その子からすると、カミングアウトって世界が一変してしまうようなことなんですね。ですからまずは「話してくれて、話してもいいって思ってくれてありがとう」。

もしも不安そうな顔をお子さんがしていたら、「不安だった？」や「お母さん何て言うと思った？」などと言うのもいいですね。

先ほどお伝えしたように、寄り添いたいと思いつつも、戸惑いがある保護者の方もいらっしゃると思うんですね。その場合は、**「今は勉強不足だけれど、これから勉強していきたいって思ってるし、あなたのことをもっとよく知りたいって思ってるから、これから私の言動で嫌だなって思うことがあったら言っていいよ。もし私に言いにくかったら、家族の中の〇〇ちゃんとかに言ってくれてもいいからね」と、逃げ場所を作ってあげるのもいいかもしれません。**

また、子どもがまだ小さいうち、たとえば未就学児のときに、「男の子（女の子）に生まれたかった」と言っていたら、「そうなんだね」と答えるのがいいのかなと思います。

逆に、「そうなんだね」と言えない、受け止められない理由があるのであれば、それは保護者の中に何かしらの気持ちがあるのかもしれません。

これはすべての対人関係に言えることだと思いますが、暴力を受けたり加害されている場合でない限り、相手のことを受け入れられないときは、自分自身の心になにかしらの課題があるケースは多いのです。たとえば**女の子として生まれて、「男の子に生まれたかった、男の子になりたい」と言われたときに、「え？　なんで？」となるのは、こちら側の心の「課題」であって、その子に問題はありません。**もちろんその課題は悪いものでも、排除しなければならないものでもありません。でもその課題が、大切な誰かを拒否してしまう瞬間もあるのです。だからこそ、「そうなんだ」と受け止めてから、「どうしてそう思うの？」と聞いてみることも大切です。

たとえばそれが、いじめられていて、自分が男の子だったら強くなれると思ったという理由かもしれませんし、男の子は自由に遊べていいなと思ったという理由なら、社会に責任があるのかもしれません。また、トランスジェンダーとして体への違和感があって、「紛れもなく自分は男の子である」と確信している場合もあります。

とりあえずは、「そうなんだ、どうしてそう思ったの？」と聞いてあげるのがいいのかなと思います。

犬山「嫌だなって思うことは言ってね」、とても大切な言葉です。カミングアウトしたら「はい、めでたしめでたし」ではなくて、そこから先もきっと齟齬があったり、葛藤もあるはず。

自分はあなたに対して完璧に振る舞えるから安心してね！　ではなく、「勉強するけれど、それでも嫌な気持ちにさせてしまったら教えてね」という姿勢でいること。これはすべてのコミュニケーションにおいても大切なことだと感じます。

5 家庭を聖域にするには

子どもが性的マイノリティだった場合、保護者自身は受け止めていても、社会からどう守るかというところで不安になる人も多いと思います。

社会に出たとき、学校に行ったときに、もしかしたらいじめられたり、差別的な目線を向けられるんじゃないか、子どもが傷ついてしまわないかという不安。

まだまだ発展途上の、不安だらけな社会だからこそ、せめて家だけは子どもにとって安全な聖域にしておきたい。どうすればよいのでしょうか。

みたらし どんなに「傷ついてほしくない」と思っていたとしても、悲しいことにすべてから守ることは不可能なんですよね。もちろん知識をつけたり、介入をすることで、守ることができるものもたくさんあると思います。

ただ私たちだって生きてきた中で、傷ついたり、悲しい思いをしながら大人になっています。でもなんとなく、いろいろなことに決着をつけて生きてきている。だからこそ、「レジリエンス」というものを培うことが本当に大切です。

レジリエンスというのは、回復していく力のことを指します。回復していく力は、家庭の中で養っていくことができるんです。いわゆる自己肯定感とも呼ばれるものです。

そのためには、**まずは依存先を増やしてあげること。**依存先にはさまざまなものがあって、それこそ心療内科や児童精神科やカウンセリングルームも1つの立派な依存先ですし、保護者や友達、ＳＮＳでつながっている友達も依存先になります。あとはお人形などもそうなんですよ。物も依存先にはなりやすいので、そういったものをたくさん作っておくこと。これは保護者ができることなのかなと思います。

その他にも、**「私はあなたの味方だから、あなたのペースであなたの話をしてくれたら嬉しい」という言葉や、保護者自身が社会と戦っていく姿勢を見せるなど、そういった小さな姿勢によって、レジリエンスは育まれていくと思います。**

何も言わずにそばにいることも1つのサポートの方法です。

たとえば子どもがちょっと落ち込んでいて、絶対学校で何かあったんだろうなと思ったときに、「あなたの好きなケーキ買ってきたけど食べる?」「お風呂入っといで、あったまっといで」のような言葉がけでも、「お母さん（お父さん）、ちょっと気づいてるのかな」「優しくされてるかもな」と思えたりする。

子どもが優しさに気づかない場合もあるのですが、でも**こういう優しさは、心に水たまりのように少しずつ溜まり、それがいつか大きな支えになります。その子が心がポキって折れてしまったときに、生きるための1つの重しになっていくのです。「見守っているよ」という姿勢を言葉でかける。そういう関わり方もいいと思います。**

7章

✤

いじめても、いじめられてもほしくないから

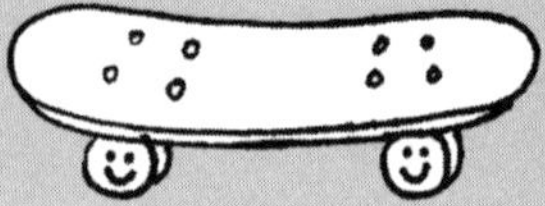

暴力をふるったり
無視したり
陰口を言ったり
そういう人を
いじめることは
しちゃダメ
だよね
いじめられたら
すっごくつらいし
傷つくよね
逆にいじめ
られたときは
大人に話してね
ーいじめについては
一応話しているけど
うん!
でも実際子どもが
いじめに遭遇したとき
大人は何ができるだろう?
あの子無視されて
つらそう……でも
かばったら私が
いじめられる?
先生
どう伝えよう
親
どう伝えよう
いじめてしまったら
!?
学校楽しいよ!
いじめられていることを隠すかも
そもそも"いじめが起きにくくなる"
関わり方は?
ストレスのケア
いじめられた人への
共感性
いじめることの
罪悪感
いじめに該当する行為を
一度でも受けた人が9割にのぼる中
大人が知っておきたいことは?
大人みんなで
こども
守る!

この本は「女の子を育てる」ことに焦点を当てていますが、性別関係なく、どうしてもまとめておきたいトピックスがあります。その1つが「いじめ」です。

荻上チキ著『いじめを生む教室』(PHP研究所)によると、2010年度小学校4年生から中学3年生までのどこかで、いじめに該当する行為(仲間はずれ、陰口、無視)を一度でも受けた人の割合を数えると9割に上るそうです。

被害に遭うだけでなく、いじめの加害者、そして傍観者になる可能性はどの子にもあるのです。

子どもにはいじめ被害者にも、加害者にも、傍観者にもなってほしくない。

でも、遭遇してしまったらどうすればいいのか。

傍観者となったときだって、「いじめられている子を守る行動をとってほしい」と思う気持ちと、「しかし、大人ではなく子どもがいじめをなくすという難しい問題を背負うことは果たして適切なのか」「そのせいで子どもがいじめられて心に大きな傷を負ってしまったらどうすればいいのか」という不安もある。

そうなる前に、そうなったときに、保護者としてどう動き、助言をしてゆけばいいのだろう。

また、冒頭で性別関係なくと書きましたが、女の子がときに遭遇しやすいいじめなど、そういった傾向もあるのでしょうか。

1 いじめの前提知識 ハイリスクな子どもはいる

いじめの被害はもちろん、加害も当然してほしくないと思っています。また、いじめには男女差はあるのでしょうか。

NPO法人「ストップいじめ！ナビ」代表理事であり、いじめを受けた当事者でもある荻上チキさんにお話をうかがいました。

荻上 国立教育政策研究所の調査では、小学校から中学校の間に、8〜9割の児童・生徒が、いじめをする側にも、される側にも回ります。

ここでいう「いじめ」とは、殴る、陰口を言う、仲間はずれをするといった、個別の行為の集積を指します。それが持続的なのかどうかは差し置いて、一定の期間内に学校のメンバーなどからされた経験を含んでいます。相当広い定義ですが、加害・被害はどちらも、誰もが経験しうるということになります。

学校に入学させるとき、「自分の子どもがいじめられたらどうしよう」と心配する人は

多いと思います。実は同程度に、「自分の子どもがいじめをしたらどうしよう」という予測や準備も必要となるのです。

いじめの加害・被害は、学校生活の中でどんどん入れ替わりますが、いじめにおいてはハイリスクな層がいます。たとえば、吃音などの障がいを持っている児童や、性的マイノリティの児童などは、他の児童と比べてリスクが高いです。だから、誰もがリスクがあるけれども、そのリスクは一律ではなく、ハイリスクな人が一定数いるということです。

いじめ経験については、男女差も存在します。身体的な暴力は男性が多いです。女性は、うわさ話や性的なからかいの被害が多くなります。ただ、この差に大きく着目しすぎることは全体をゆがめてしまう恐れがあります。というのは、ある程度の差はあったとしても、いじめのパターンは似通っているためです。

ですので、基礎的ないじめ状況について着目し、いじめが起きやすい環境を改善していくことが大前提です。

2
いじめが起こりやすい年齢と、いじめの内容

いじめが起こりやすい子どもの年齢はあるのでしょうか。そして年齢によっていじめの内容にはどんな変化があるのでしょうか。

また、どんな環境だといじめが起こりにくくなるのかも知っておきたいです。

荻上 小学校の中高学年ぐらいを1つのピークとしていじめが存在します。先生側の認知件数だと、中学校1、2年生がピークになりますが、体験の報告調査ですと、もう少し下の学年がピークとなります。また、中学生のほうがやや長期化しやすい傾向があります。いずれにしても、小学生から中学生の間はいじめ対策を強化することが必要かと思います。

日本では暴力系のいじめより言語系・関係系のいじめのシェア率が高いのですが、それでも小学校のときには、暴力系のいじめが一定の割合を占めます。それが、中学校になると減少します。その代わりに**陰口とかあだ名とか、ネットを使ったいじめの割合が増える。中学生になるとスマホを手に入れるので、そうしたいじめを経験する機会が増えるという**

ことですね。

どの年齢でも、メディア経由や友人経由などで入手した語彙で、他者を攻撃するということはありますが、そのレパートリーには、性差別や人種差別なども含まれます。一般的には中学2年生をピークにいじめは減少するはずなのですが、たとえば性的マイノリティの人へのいじめは中学3年生にピークを迎えるというデータもあります。

また、いじめが起きやすい環境についてですが、前提として、**いじめの96%は大人のいないところで発生します。**したがって、子どもから大人に報告してもらう仕組みが必要です。大人がいじめを見つけるために、いじめ防止アクションとして、通学路や下校時に保護者が道に立って見守るといった活動が行われています。これは、大人による発見を増やそうとするアクションでもあります。これらの行為はまったくの無駄というわけではなく、一定の効果があります。

こうした行為を**「スーパービジョン」**と呼びます。簡単に言えば「しっかり見る」「しっかり見守る」という意味です。日本の場合、休み時間の教室でのスーパービジョンも必要で、大人の目が常にある状態をどう作り出すかが課題です。また、その大人の目を監視ではなく見守りと感じてもらうためにはどうすればいいか、その信頼感を築くことが前提となります。

犬山　いじめが起きる環境を改善というと、そんなことでいじめがなくなるのか、と思ってしまうけれど、チキさんの著書『いじめを生む教室』にもある通り「いじめが増える環境にするにはどうすればいいか？」という発想だと、「子どもにストレスを与える先生を増やす」「自由な時間を与えない」などたくさん出てくるわけです。だから逆に、いじめが起こりにくい環境作りだってできるんですよね。

3 いじめをしないために、伝えておきたいこと

いじめをしないために、そしていじめの傍観者にならないために、必要なことはあるのでしょうか。また、そのために保護者ができることは何でしょう。

荻上 いじめをしない、いじめの傍観者にならないという点で、子ども本人の内面において**重要とされる項目はいくつかありますが、1つは共感性で、もう1つは罪悪感です。**

共感性とは、「こういう攻撃をすると相手が痛い目に遭って嫌がるだろうな」と想像できる力です。

共感性というと優しさの話になりがちですが、優しさというよりは理解が必要です。相手に対する優しさがなかったとしても、相手の痛みに対して理解をしていれば加害はしづらい。情緒的共感だけでなく、認知的共感を身につけ、相手の視点取得の技術を学ぶ。こうした取り組みがとても重要です。

もう1つは、罪悪感の予期です。

「こういう行為をすると、のちのち罪悪感を抱くだろうな」というように予期をすると、人はその行為を控えます。

罪悪感の予期を高めるためには、周囲の反応をあらかじめ伝えておくことが重要です。「もしあなたがいじめをしたならば、相手や親、先生は悲しむ」「周囲の人は君の味方に回るのではなくて、君に対して注意することになるだろう」などと事前に伝えておくことです。そのために、あらかじめ学校のいじめ対策方針を伝えたり、いじめ相談などの案内をしたりして、迅速に対応されるという予測を埋め込むことが必要です。

また、学校の教員の振る舞いも、いじめの増減に影響を与えます。信頼されていて、好かれていて、客観的な教員だと認識されている先生の下ではいじめが抑制されます。「あのいい先生が叱るんだから、自分はめっちゃ悪いことしてるんだな」と、罪悪感を予測することになりますね。

逆に、理不尽に権力を行使すると思われている先生のクラスだといじめが増加することになります。理不尽な権力の行使自体がストレスを増加させますし、それ自体がいじめ手段の学習にさえなります。

罪悪感の予期を高めるためには、居心地のよい教室風土と、生徒の受容感覚が必要です。「この教室では楽しく過ごしたいな」と、コミットメントしたいと思える教室。あるいは、攻撃したいとまでは思わない教室。そう思える教室の空気感を作っておくことが重要です。

共感性や罪悪感は、いじめの減少をもたらします。その他に、いじめの定義と、その影響を伝えること。そして、何か違和感を覚えたり自己主張したいことがあっても、他人を攻撃しない仕方でコミュニケーションをする方法を伝えること。「何がいじめにあたるのか」「いじめ以外にどんな方法を取れるのか」を伝えてください。

どういうときに人を攻撃したくなるか。そのことを一緒に振り返りつつ、攻撃以外に何ができるかを考える。また、攻撃してしまったらどうするか、攻撃を受けたらどうするかを考える。暴力を重ねる以外のレパートリーがあることを伝えるのが有効です。

4 いじめをしないように、家庭でできること

子どもがいじめをしないよう保護者が家でできることは何でしょうか？

荻上　いじめに遭った大人が自らの体験を語るビデオプログラムを見ると、「大人でも、やっぱりいじめに遭うと長期的に苦しむんだな」「大人でも、苦しいって言ってもいいんだ」「こんな苦しみを味わわせるような行為はよくないな」と学びます。

親子の会話でも、たとえば「パパは昔いじめられて、こんな目に遭って、だからそのときに、こんなことをしたくないと思ったんだ。だから君にはいじめをする側になってほしくない。そして、いじめられたらそこから逃げられるように、あるいは解決できるように全力で助けるから絶対言ってね」と伝えていくことが重要かなと思いますね。

また、いじめ加害はストレスによって増大します。そのストレスは、学校ストレスによるものも大きく、自分のペースをコントロールさせてもらえない教室だと、さまざまなリスクが高まるとも言えます。同時に家庭ストレスもまた、いじめリスクを上げるだけでな

く、メンタルヘルス全般の悪化リスクを高めます。なので、家が「子どもにとって居心地のいい場所」になるよう、普段のコミュニケーションが大事になります。

また、「攻撃してはいけない」と普段は思っていても、してしまいそうになる場面があることを、事前に子どもに伝えておくことが重要です。攻撃抑制規範が外れてしまう動機は大きく4つに分けられます。

1つ目は、懲らしめの論理が働く場合です。これは「攻撃ではなく懲らしめだ」としてエスカレートすることがあります。

2つ目は、異質性を排除する場合です。「攻撃はよくないけれども、あいつはメンバーじゃないから攻撃しても罪悪感は抱かない」といった理由で規範が外れることがあります。

3つ目は、攻撃そのものに享楽性が生じる場合です。攻撃をするとポイントがもらえる、相手の反応がおもしろい、あるいはそれをゲームやプロレスごっこ、いじり、お笑いコミュニケーションととらえて、「これはいじめではなく楽しみだ」と学習してしまうことがあります。

4つ目は、同調圧力です。攻撃抑制の規範があっても「ここでやらないと自分が次のターゲットになる」「今はそういうことをやっていい空気だ」と感じることで規範が外れることがあります。

こうした理由で攻撃抑制規範が外れることがあるため、さまざまなシチュエーションや物語を通じて注意喚起することが重要です。

犬山 自分にいじめられた経験がなくても、いじめに遭った経験を語る大人の方を特集している記事があるので、一緒に見てみることもできそうですね。そうやって「いじめ」のつらさを想像してもらうことが、大切なんだなとわかります。

また、攻撃抑制規範が外れてしまう動機を子どもと一緒に知っておく必要性も感じました。大人が知っておくことで「しつけ」のつもりの虐待防止につながるのではないでしょうか。

5 傍観者にならないために、傍観者以外の役割があることを知る

子どもがいじめの傍観者になったときのことも考えておきたいです。そのクラスでいじめがあった場合、きっと傍観者になる割合は大きいのでしょう。

そのときに子どもに対して、保護者はどんな声かけができるのでしょうか。

荻上 傍観者にならないために、傍観者以外の役割は何があるのかを子どもに伝えることが重要だと思います。真っ先に連想するのは**「仲裁者」**です。**その場に入って問題解決をしたり、「まあまあ」といさめたりする役割**です。

しかし、こうした役割、仲裁者や解決者は、大人でも難しいことです。たとえば電車の中でトラブルがあったときに、自分で介入するのではなく、駅員さんや警察を呼ぶことがありますね。つまり、仲裁者以外に**「通報者」**という役割があるのです。

解決できる人に声をかけたり、呼んできたりすることが通報者の役割です。いじめの場合、通報するのは学校の先生や保護者、あるいは教育機関や教育委員会、行政などです。

通報者になることも1つの手段です。

ただし、いじめをする側にとって通報者は本当に目障りな存在です。いじめを継続することを妨げるため、独自の論理で通報者を妨げようとします。「ちくるやつはダサいやつだ」という呪いの言葉で縛ろうとしますが、通報しない人のほうが悪いんだよとあらかじめ伝えておくことが重要です。

加えてもう2つの役割があります。1つは**「シェルター＝避難所」**です。**いじめを受けている人に対して、自分はそこに加わらず、今まで通り関わり続ける。その人にとっての逃げ場になる**ことです。つまり、助けることができなくても、止めることができなくても、関わり続けることはできる。そうしたシェルターの役割を果たすことです。

もう1つは**「スイッチャー＝転換者」**です。**コミュニケーションの空気をスイッチング、変える人**です。誰かへの悪口が始まりそうになったら、そのコミュニケーションに乗らずに「ところで話変わるけど」と別の話にする。あるいは、悪い面ばかり言って「あいつハブこうぜ」という空気になりそうなときに「でも、いいところもあるよね」と話をそらす。その話題になったら自分は立ち去るなど、コミュニケーションのモードを増長させない、温存させない、参加しないことです。そうした重要な役割です。

見て見ぬふりをする以外にどんな手段があるか。少なくとも、仲裁する、通報する、シェルターになる、スイッチングする、という4つの選択肢があります。レパートリーを知り、かつその受け皿があるとわからなければ、行動することは難しい。だからこそ避難訓練のように、事前に役割を伝えるのが重要だと思います。

それから、学校の集団でのいじめであれば、子どもには「いじめからの離脱者になってください」と伝えていきたいです。最初の離脱者も重要なんだけども、とくに2人目の離脱者になってほしい。**誰か1人が、「それおかしいと思うよ」って言ったら、「そうだよ」と続く。そうした2人目がいることによって、反いじめの空気は形成されます。「勇気ある2人目」になれる教室にしていこう。**そのことを伝えてほしいですね。

犬山　こうやって役割名を聞いてみると、これまで自分たちがやってきたことに役割名があったんだなと思います。誰かが誰かの悪口を言い始めたらその場を立ち去ること、違う話をふること、コミュニティから外れていそうな人と関わりを保とうとすること、セクハラに困っている・DVで苦しんでいる友人に相談窓口や弁護士さんを紹介すること……そういった経験がある人はけっこういるのではないでしょうか。こういった体験を、話せる範囲で子どもに話しておくのもいいのかもしれません。

6

子どもがいじめられてしまったら

子どもがいじめをしないように、というのは保護者も最大限努力を重ねるべきところだと思います。しかし、いじめられることは、本人にも保護者にも責任は一切なく、「いじめられないようにこういう行動をとりましょう」というアドバイスもおかしいと思っています。

被害に遭う側が行動を規制されたり、責任を問われるのはおかしな話ですから、「いじめないように」であり続けるべきだと思うのです。

しかし、子どもがいじめられてしまったとき、もしくはそういった兆候を感じたとき、保護者はどうすればいいのでしょうか。

また、いじめを受けていることを保護者に悟らせないように頑張る子どももいる中で、どのように気をつけ見守っていればよいのでしょうか。そして、学校とはどう関わればよいのでしょうか。

荻上 まず前提として、いじめについては学校に対応義務があります。いじめ防止法第22条に、いじめ対策チームの常設が求められています。今やいじめは、担任が1人で対応するものではありません。学校などに情報共有されなければ、その時点でいじめ防止法違反です。

いじめ対策のスクールカンファレンスや保護者への情報提供が、いじめ減少に効果があるというエビデンスがあります。カンファレンスの中では、「誰もがいじめの被害者にも加害者にもなること」「被害者親／加害者親で対立するのではなく、いじめを生む風土の改善に協力すること」を事前に説明する必要があります。まずはそういったことがベースにあるといいと思います。

さらに、「学校としては、こういった通報を受けたらこう対処します」ということをあらかじめ伝えることが重要です。たとえば、110番すれば警察が駆けつけるとわかっているから110番するのと同じように、先生に相談したら何をしてくれるのかがわからないと、いじめについて相談しにくいものです。そのため、学校側が対処法をあらかじめアナウンスしておくことで、通報率を上げることが非常に重要です。いじめは先生に伝えることで約7割が解消されるため、まずは介入率を上げることが第一になります。

そして、**家庭内であらかじめ「いじめがあったらどうするか」などの話し合いをしてお**

くことがおすすめです。たとえば、いじめられた場合に、被害者が行動を変えることは不合理ですが、いじめ認定がなされるまでの「避難」をすることは必要となると確認しておくことです。

また、いじめ被害からの回復のゴールを「同じクラスに通い続ける」と位置づけてしまいがちですが、そうではなく、安全な環境の作り直しをゴールとする必要があります。

子どものニーズと被害を聞き取り、安全が損なわれていることを踏まえて、学校などと一緒に改善の計画を立てていくことが大切です。

また、子どもがいじめについて話したがらないケースもあります。話してくれなくても、子どもの様子が変わった場合には、ケアの提供や通級以外の手段の提示を行うといいと思います。「原因」がわからなくても、「困り事」への解消策や、発散などの情緒的サポートは提供できますから。

犬山　学校側からいじめ対応についての情報提供がなければ、クラスメイトの保護者と一緒に学校に情報提供を求めることも大切ですね。そして、元通りに学校に通えることをゴールだと思ってしまいがちですが、そうではなく、子どもにとって安全な環境を整えていくことをゴールとする。たとえば、いじめが発覚して「ごめんなさい」と強制的に言わされただけで終わり、なんてケースがあった場合、ストレスフルな環境は変わらないから、結局子どもは苦しみ続けることになってしまう。

保護者側が、どのようなケアがあり、どのような手段があるのか、そういった情報収集をして、家庭内だけで収めようとせず、周りに頼ることが大切なんですね。

7 子どもがいじめてしまったら

人をいじめないためにさまざまな方法をうかがってきましたが、それでも何かの拍子で誰かをいじめてしまうことがあったら。いじりだと思っていた、遊んでいるつもりだった、けれどもそれがいじめとなるケースも多々あります。

自分の子どもが加害をしていたら、きっと激しいショックを受けるでしょう。頭でわかっていても、認めたくない気持ちも湧くかもしれない。けれどもそんなことは言っていられなくて、いじめられた子どもはもっとずっと深く傷ついているのです。

「うちの子は絶対いじめなんかしない」「うちの子に限って」そう思いたいし、わが子を信頼しているけれど、それでもすべての保護者にその可能性があるんですよね。

荻上 先に述べたように、ほとんどの子どもが加害者になるという前提でいたほうがよいでしょう。問題は、その際の対応力が大人側にあるかどうかです。しばしば問題となるのが、保護者同士の対立です。いじめは相互循環するため、教室の風土を改善することが目標として設定されるべきですが、「自分の子どもに謝らせる」「自分の子どもをかばう」ということが、結果として対話や環境改善の妨げになることがあることも知っておいてください。

加害者になってしまった場合、いじめ行為についての再発防止を、共に考えることが必要です。どんなことがスイッチになるのか。どうすれば繰り返さないようにしようと思えるのか。行為を責めることがあっても、見放すことはないということを信じてもらいながら、伝えなくてはなりません。

もちろん事実確定は、どのいじめ事案においても難しいです。大人の目を盗んで行われるいじめ、とくに暴力性のないコミュニケーション系のいじめは、証拠が残りにくいのです。だから、「やったでしょ」「いや、やってない」の水かけ論になりかねません。

いじめは、腕っぷしが強いものが弱いものを、あるいは社交性が高い人が低い人をいじめるようなものばかりではありません。双方がやり返すような相互事案、あるいは経緯と特性が絡み合っている複雑事案もあります。

たとえば複雑事案では、「構ってほしいとちょっかいをかけ続けていたAさんが、ストレスに敏感なBさんの負担になり、そのことを聞かされたCさんらから距離を取られたことに対して、自分は無視をされたと認識して不登校となった」といったようなものがあります。この場合、特定の場面のみを切り取り、「Aさんのちょっかいをいじめとみなす」「Bさんの相談を陰口とみなす」「Cさんの関係調整を無視とみなす」と結論づけるだけでは解決できません。他方で、保護者が擁護的に振る舞うやり方が、結果として事案解決や環境改善とミスマッチになることもあります。

そうしたときには、慎重に事実確認を行い、「こういう訴えがあったけれど、それについてどう思うか」と聞いて話を進めます。最終的に事実確定や証拠固めができなかったとしても、指導や療育ニーズがあることは明らかになります。否認しているなら対処が終わりというわけではなく、他の保護者や学校と共有しながら、今後の見守りに生かしていく。

とりわけ、被害を訴える児童の保護者との連携は大事です。可能ならば学校を含め、いじめが起きにくい教室作りのための再発防止検討をメインにおくべきで、謝罪をゴールにすべきではありません。今後何かあったときに協力して、子どもたちの指導を検討する。そのための信頼関係を作るために、保護者同士のネットワークやカンファレンスが必要となります。

8 ストレスの少ない家庭を作る怒りの2つの代替手段

いじめをしないためにも、本人のためにも家庭はストレスフルではない状態にしたい。多くの人がそう願うだろうし、私もそう思っています。具体的にどうしてゆけばよいのでしょうか。

荻上 何がストレスフルな家庭なのかを想像し、その有害性を1つずつ排除していく、あるいはより有害性が少ないものに置き換えていくことが必要です。

たとえばアメリカ心理学会は、体罰についてガイドラインを発表しました。体罰は百害あって一利なしなのでやめなさいという内容です。その代わり、こういう手段を使いましょうという別のメソッドも提供されています。

実際、親子であっても別の人間ですし、親であろうがストレスを感じることがあります。ストレスが暴発しそうなときにどうすればいいのかという、代替手段を保護者も知っておくことが重要です。それが2つあります。

1つは特権の停止です。基本的人権は侵害してはなりませんが、特権を停止するくらいならば、ペナルティとしてのメッセージ性が適切に伝わります。たとえば、普段はスマートフォンを部屋に持っていくことを認めているが、1週間はリビング以外では使用禁止にする。普段は門限を19時にしているが、2週間は門限17時にする。それまで認められていたものを制限することで、保護者は怒りのメッセージを伝えることができます。

もう1つはタイムアウト法です。お互いが冷静になるために10分から15分ほど別の部屋に行き、もう一度話し合うことを繰り返す方法です。そのクールダウンの間に、気まずさを抱えながらも、どのような伝え方があるかを思考しあいます。クローゼットなどに押し込んだり、外やベランダに追い出したりするのはNGです。

効果的なメソッドがこの2つだと言われています。これを学校現場や各家庭で導入することによって、体罰などの有害な手段ではない方法に1つずつ置き換えていくことが重要です。

9 子どもの幸福度を上げる方法がある

ストレスを減らすだけでなく、幸福度を上げることも大切ですよね。どんな方法があるのでしょうか。

荻上 ウェルビーイング、幸福度が上がる重要なポイントがいくつかありますが、そのうちの1つが自己統制感覚があるかどうかです。自分の身の回りのことなどが自分でコントロールできているかどうか。**他人にコントロールされているのではなく、自分で選ぶことができるという手ごたえがあるかどうかです。**

たとえば、わかりやすい実験として、ある高齢者施設で2つのパターンに分けて実験を行いました。一方の老人ホームには毎週違う花が飾られます。きれいな花で、植木鉢に花があって美しいです。もう一方の老人ホームには、植木鉢と種を渡して、それを育ててくださいと言いました。

QOLが上がるのはどちらか。実は後者です。美しいものに触れる点ではどちらも同じ。

しかし後者では、自分の環境を自分でコントロールできているという実感がある。花が咲いているという結果ではなく、花を咲かせることが自分でできているというプロセス関与が重要なのです。

実際、親子ストレスに関するエッセイなどを見ても、親が思うおしゃれな格好をさせられ続け、周りから「かわいいね」「素敵だね」と言われるけれども、自己統制感覚がないため、納得感がなく不快だった、というエピソードがありますね。自分のしたい格好は別にあり、結果として確かにほめられているけれども、**欲しいのは結果のほめではなく、自分の選択への納得と、努力の肯定なのです。**習い事も同様です。周りから「天才だね」「よくできているね」と言われても、自分はこの習い事ではなく、別の習い事がしたかったということがあります。

そうした自己統制感覚が満たされているかどうかが満足度やストレスに大きく影響します。だから、子どもの主体性、満足感、肯定感覚がどの程度、家庭の中で満たされているかを問うことはとても重要だと思います。

犬山　子どもに幸せになってほしくて子育てに奮闘しているわけですから、この「自己統制感覚」は子育てにおいて大きなキーワードになると思います。私自身、「中学受験をさせられた」と思っています。それが大人になった今もずーっと「自分で自分の人生を選べなかった」と引っかかっているんです。自分の意思で、塾に行きたい、あの学校に行きたいから勉強を頑張る、将来なりたいものがあるからそのために頑張る、という動機があればきっと同じ受験でも違ったんだと思います。

8章

何度でも立ち直れる、心の回復力を育てたいから

いって
きまーす！
子どもを守る努力はする
でも、守りきるのは難しい
傷つき、失敗するだろうし、それをすべて防ごうとするのも不健全
いってらっしゃい
……となると知りたいのは
プロの頼り方
選び方
傷ついた心のケアの方法
私自身カウンセラーに頼って助かった
・医師
・カウンセラー
私も子どもの頃に知りたかった！
回復力（レジリエンス）を子どもが身につけてほしい！
何があっても自分は生きていていいと思える
むくり

私が自分のケアをできるようになったのは、30代に入って不安症を発症してからでした。それまで、体の不調であれば病院に行ったりしっかり寝たりとケアをしていたけれど、メンタルのケアはまったくしていませんでした。

知識として「メンタルにも病がある」ということは知っていても、そのケアの方法も予防法もわかっていませんでした。

私の場合、すぐに心療内科に行き、薬の処方とマインドフルネスを教えてもらったことで幸いなことに順調に回復しました。


ただ、こういったケアの方法を子どものうちから知っておきたかったように思うのです。

血が出たら絆創膏を貼るように、心がつらくなったときの対処法を知っておきたかった。

そして、そもそも自分をつらくさせるものの正体も知りたかった。

正体を知らないまま傷つけられ続けると、すべて自分が悪いと思うようになってしまうから。


あたりまえですが、子どもにもこころの不調や病気はあります。

それが、ひきこもりや不登校、リストカットなどの自傷行為につながっていくことも考えられます。


これまでの章で触れてきた通り、私たちは課題だらけの社会で暮らしています。

私は、娘がつらくなったときに、保護者としてどう接し、何ができるのかを知りたい。そして娘には、傷ついたときの対処法と、そこから起き上がるためのレジリエンスを身につけてほしいのです。

1
子どもの話を ジャッジメントなしに受け入れる

子どもの話の聞き方を知っておきたい。子どもがせっかく自分の気持ちを話してくれても、そこで気持ちを否定したり、叱ってばかりいたら、そのうち話してくれなくなるようにも思うからです。大人同士でも傾聴は難しいものですが、どのようなことを心構えとして知っておけばよいのでしょうか。

内田　子どもの話を、ジャッジメントなしに受け入れることが非常に大切だと思います。子どもたちが話すとき、彼らは毎回「これが正しい」「あれが間違っている」といったシンプルな答えを求めているわけではありません。具体的なアドバイスを求めた相談もあるでしょうが、それ以上に彼らが求めているのは、ただ話を聞いてもらい、理解してもらうことなのではないでしょうか。**保護者としては、子どもの苦しみを和らげてあげたいがために、すぐに解決策を見つけ出そうとしますが、そもそもすべての問題が即座に解決策を必要とするわけではありません。**

実際、多くの場合、子どもたちは時間が経つにつれて気持ちが変わり、問題が自然に解決することもあります。もちろん、いじめや危険な状況など、真剣に対処を必要とする問題もありますが、日常的な小さなトラブルにおいては、子どもを信頼し、彼らが自分の言葉で表現することを大切にすることが重要です。

ですので、**保護者としては、子どもが自分の感情や考えを自由に表現できる環境を提供することが、彼らの成長にとってもっとも重要な役割の1つです。**

そして、私は子どもたちにも、すべてを解決しなくてもいいと伝えたいと思っています。もちろん、嫌なことをよい方向に導きたいという気持ちはありますし、間違っていると思うことを正したいという気持ちもあります。

しかし、すべてが白黒はっきりしなくていい、グレーゾーンが存在してもいいのです。グレーゾーンを受け入れることは、心の平穏を保つうえで重要です。

子どもたちにも、すべてが完璧である必要はなく、不確かさを受け入れることの重要性を理解してほしいと思っています。それによって、より柔軟な思考を持ち、多様な状況に対応できるようになるでしょう。

犬山　大人も「白黒つけなきゃいけない」と考えている人もいるんじゃないかなと思いま

す。なにか問題が起きたときに、「即座に解決しなければ」と思ってしまうけれど、一旦グレーゾーンとして置いておき、誰かに話を聞いてもらうというやり方があるんですよね。ジャッジメントせず、受け入れること、これは大人同士の会話にも大切だと思います。

2
「再評価」で、ネガティブな感情にコントロールされない

大人よりも未発達な子どもの脳。子どもがイライラしたり、暴れたり、ネガティブな感情に振り回されることもよくあると思います。

ネガティブな感情や行動のコントロールは、どのようにしたらよいのでしょうか。

内田 私は、日常の子育ての中で「再評価」のプロセスを意識しています。この「再評価」は私が研究しているテーマの1つで、**ネガティブな感情を感じたときに一旦立ち止まり、その感情や行動がどのような考えや背景から生じているのかを探りながら、自分の感情を理解すること。そして、その感情を客観的に再度「本当にネガティブな感情を感じる必要があるのか」と評価して、状況、または感情をポジティブな方向に持っていく心理プロセスのことです。**

まず、感情のコントロール、とくに怒りや傷つきからの回復のプロセスは、自分自身に正直であることが成功につながると考えています。怒りを抑えつけても、内部で煮えたぎ

る感情は存在し続けます。また、不安を感じることを無理に否定しても、その不安は体の反応として現れることがあります。これが、パニックやさらなる怒りとして表れることもあります。

自分が今、感じていることを認め、その感情がどのような思考から生じているのかを正直に理解することで、もし誤った考え方をしている場合にはそれに気づく機会を得られます。

反対に、自分の感情に正直になれないと、自己正当化に走りがちで、問題がさらに複雑化することがあります。また、自分が傷ついていることを認めることができないと、その傷が自分自身のせいであるかのように感じることがあるんですね。

子どもが自分の考えについて話してくれているときは、なぜ子どもがそのように感じるのかを保護者が理解しようとする姿勢が大切です。そのうえで、保護者として異なる視点を提供することも有効です。自分の経験を共有することで、子どもに異なる視点を示し、問題を異なる角度から見る方法を教えることができます。

行動に関しては、何か間違ったことをした場合には、どのようにしてそれを是正するか、また、誰かを傷つけた場合には、どのようにしてその人が気持ちよくなれるかを考えることが重要です。

きょうだい間のけんかなどでは、お互いが自分の言いたいことを表現できるようにすること、そして感じ方が異なることを受け入れることが大切です。常に同じ考えを持つ必要はなく、感じ方が変わることも自然なことです。

違う考え方を持つことは自然だけど、それが誰かを傷つける理由にはならないので、相手を思いやる気持ちの大切さは伝えたいですね。

犬山　この「再評価」を私もやってみたところ、イラッとしたり不安になったりしたときにそれを認めようとしない自分がいることにまずハッとしました。自分の気持ちを認め、再評価することで、不安やイラつきが長引きにくくなり、これは子どもだけでなく保護者自身がまずやっておくのがすごくよいと感じました。感情コントロールの発達段階である子ども時代からこの方法を知っておけるのは、大きなギフトだとも思います。

3 心の回復力「レジリエンス」を育てるためには

傷ついた心の回復方法や、その回復する力「レジリエンス」を高めるために、保護者にできることは他にもあるのでしょうか。

内田 レジリエンスを育てるための答えがあるわけではありませんが、私が大切だと思うのは4点あります。

①どんな結果においても、自分の努力を認めてあげること

②自分のコントロールが完全に効くわけではない状況もあることを、事実として受け入れること

③完全にコントロールが効かなくても、その状況を自分にとってポジティブな状況に少し変えることはできると思えること

④どんなにつらい状況でも「自分には価値がある」と思えること

たとえば、私は研修医時代に職場でハラスメントを受けたことがありました。その際、上司であった指導医にどんなに不当に叱られたとしても、自分が仕事で努力していることや、これまでにしてきた努力はしっかり自分で認めてあげなければ、と意識しました。さらに、指導医が私に対してよくない感情を持つことは私のコントロール下にない部分が多いことを受け入れました。同時に、その状況下でもなるべく自分らしく過ごせるように、自分の長所やストロングポイントを理解し、それを大切にすることも重要だと感じました。

たとえば、私は新しい友達を作ることが大好きで、人間関係の構築は1つのストロングポイントだと思っています。ですから、指導医以外の病院スタッフとよい関係を築いたり、多くの患者さんとも信頼関係を作ったりしたことが、その期間を少し過ごしやすくしてくれたと感じます。

また、単純に医学知識をつける努力をして、研修医としていい働きができるように努力しました。力のある人からいじめを受けると自分の価値を疑ってしまいそうになりますが、こうした意識によって自尊心を守ることができた気がします。

一方で、職場と全然関係ないところで、実はフラメンコが得意であることも、私のストロングポイントの1つです。職場では「自分は劣等生だ」と思わされることもありましたが、フラメンコ教室ではトップのパフォーマーでした。このような、異なる評価軸での成功体験は、自信を持つうえで非常に価値があります。

多様な評価軸を持つことが、自己評価をバランスよく保つのに役立つのです。

子どもの主な世界は、家と学校の2つになりがちで、大人に比べて世界が狭いものです。しかし、友人関係や社会的なつながりを多様に持つことで、自分の価値観や自己評価が一方的にならず、バランスが取れるようになります。親しい友人が1人でも、3人でも、10人でもいいし、学校の友達、習い事の友達、親戚、家族との関係を大切にすることで、さまざまな視点からのフィードバックを受け入れ、自己の成長につなげることができるのです。

このように、単一の世界での指標ではなく、多様な人間関係と評価軸を持つことが、私たちのレジリエンスを高め、困難な状況にも対応できる力を育てるのだと思います。

犬山　子どもがやりたいという習い事に通わせてみるなど、保護者にはその多様な人間関係を持つことのアシストができますものね。保護者自身が多様な人間関係を持っていること、そしてその姿を見せることも大切なのかなと感じます。そうやって保護者のレジリエンスを高めながら、子どもにその背中を見てもらうのもできることの1つですね。

4 子どもに怒鳴ってしまった、怒りすぎてしまった、その後

保護者が子どもを傷つけてしまったときのことも知りたいです。これは、悩んでる方も多いのかなと思います。余裕がなくて、子どもを強く怒鳴ってしまったり、怒らなくていい場面で強く怒ってしまったり。私も、理不尽に怒ってしまうことがあります。もちろん理不尽に怒らないようにするのが大切だとは思いつつ、そのあとに子どもとどう接するのがいいのでしょうか。

内田 わかります。私も怒鳴ってしまうことがあります。**やっぱり謝ること、そしてそれだけではなく、保護者自身の心理を説明することが重要だと思います。**

以前、子どもが習っていた公文に出かける時間になっても、長男がまだ車に座っておらず、私は怒ってしまいました。息子はその直前に急いで課題を2つ終わらせていたのですが、それをほめることなく怒ってしまったことを後悔しました。

その30秒後、私は息子に謝り、「ママね、うちはいつも公文に遅れているから、計画的

にやらなきゃって思っていたの。先生にだらしないうちだと思われるのが恥ずかしいし。それで、早く行かなきゃって思ったの。でも、あなたがうちを出るのが30秒遅かったとしても、もうすでに遅れてるわけだからそんなに変わらないよね。なのに、ママ、焦ってるときに怒っちゃうことが多いんだよね。ごめんね。ママはあなたがしっかり課題をやったの、えらいと思ってるよ。よく頑張ったね」と言いました。

そのとき、7歳の長男は非常に成熟した反応をしました。彼は「僕もそういうときあるよ」と言い、機嫌が悪いときに意地悪な言い方をしてしまうことがあると共感をしてくれたのです。

私たちは、急いでいるときにはとくに不機嫌になりがちですが、そのような状況を子どもが理解し、協力してくれることを望んでいます。この日の出来事から、子どもに「急いでいるときには協力してね」とお願いすると、息子も快くうなずいてくれたことで、親子のコミュニケーションが深まりました。

また、**子どもの行動が原因でイライラした場合でも、「あなたが悪いから」と責めるのではなく、どうしてそのように感じたのかを説明することで、子どもは自分の行動を振り返り、成長する機会が得られます。**

焦りやイライラといった感情の背後にある原因を理解し、それを正直に認めることは、保護者としてだけでなく、個人としても重要です。**私たちが感じる焦りや怒りは、しばしば深層の不安やプレッシャーから生じるものです。これらの感情をただ抑え込むのではなく、どこから来ているのかを自覚することが、より健康的な精神状態を維持するためには不可欠なのです。**

自分自身に正直になることは容易ではありません。しかし、自分の感情や行動の背後にある動機を理解することで、自己受容を促進し、自尊心を高めることができます。自分の弱点や失敗を認めることは、成長のための第一歩です。子どもや他人の行動を責めるのではなく、自分の内面に目を向けることで、より建設的な対応が可能になります。

このプロセスは1人では難しいかもしれませんので、セラピストとの対話を通じて支援を求めるのも1つの方法です。

また、自分の感情や考えを書き出すことで、自己理解を深めることができます。この書き出した内容は誰にも見せる必要はなく、自分だけの秘密の文章として、自分自身の感じていることや考えていることを正直に反映させることができます。これにより、自分の内面を整理し、感じていることの背景や原因を明らかにすることができるでしょう。

犬山「自分の感情や行動の背後にある動機を理解することで、自己受容を促進し、自尊心を高めることができます」「このプロセスは1人では難しいかもしれませんので、セラピストとの対話を通じて支援を求めるのも1つの方法です」は、まさに私がカウンセリングを受けて、自分の怒りっぽさと向き合い、怒りの下に「甘えたい」という気持ちがあるんだなと向き合ってから、怒る回数が減ったり、怒りそうになる前に対処できたりと成長できたのを身をもって経験しています。

怒ったことをつい子どものせいにしてしまいがちだけれど、本当に子どものせいなのか、自分側の要因はないのか、なぜ注意ではなく怒るというコミュニケーションになってしまったのか、そこに向き合っていく必要があるんですね。

5 子どもの成功に固執しそうになったとき・受験期のケアの方法

子どもを叱ってしまう場面は、学業面でも多いかと思います。とくに受験を意識している家庭では、子どもも保護者も苦しい思いをしているかもしれません。

内田 アメリカにも、子どもの成功に命を懸けているアジア人家庭がけっこうあって、子どもの学業成功が非常に重視される傾向があります。多くの保護者は、子どもがイェールやハーバードのような名門校に進学し、社会的な成功を収めることを望んでいます。このような期待は、子どもに対する大きなプレッシャーとなり得ます。

私は、それこそイェールとハーバード出身で、今もハーバードで教鞭をとっていますが、大学の名前で成功を測るシステムには賛成しません。しかし、どのような成功を目指したとしても、それに向けて、メンタルヘルスを大切にすることの重要性は変わらないと語っています。

社会的な圧力を健康的に管理するためには、成功を追求する過程を、スポーツのトレーニングやリハビリと同じように捉えることが有効です。

たとえば、サッカー選手が技術を磨くために練習し、必要な場合にはリハビリを行うように、学業やその他の分野でも、適切なサポートと資源を提供することが重要です。

学習のための適切な環境を整えること、学習障害や精神的なストレスに対処するためのサポートシステムを用意することが大切です。

また、子どもたちが直面する障害や困難に対して、それを乗り越えるための「ツール」や「セラピー」としての教育を提供することも重要です。本来人間の能力というのは多様で、人生のさまざまなタイミングでその能力を発揮する機会があるはずです。しかし、受験というのは思春期の限られたタイミングで、筆記試験に出題された問題を時間内に解けるかどうかの能力だけで測られ、その結果がその後の人生にも影響を及ぼすもの。システムとしては私は賛成できるものではありません。**親としてはそのような受験に関する問題点を共有し、語ることも大切だと思います。**

また、受験は合否という白黒はっきりとした結果が示されるものですが、努力は０か１００かで評価できるものではありません。合否によって、喜びや悲しみという強い感情を持つのは当然です。しかし、**入学試験に受かったとしても、落ちてしまったとしても、受験のためにした勉強の量や費やした時間、そしてその過程で得た知識や経験は、何も変わ**

りません。だから、過程を大切にして、その努力を家族として祝うことも大切だと思います。

教育のプロセスを単なる成績の追求ではなく、個人の成長と発展のための手段としてとらえることで、子どもたちは自分自身の能力を最大限に発揮することができるようになります。

そして、これは子どもだけでなく、保護者自身も自分の感情や期待を管理し、健全な関係を築くための学びとなります。

犬山　確かに、厳しい受験勉強は、なんのケアもなくてよいレベルの勉強量ではないと思います。子どものストレスはかなりのものであるはず。「つらくても根性で乗り切れ」ではなく、サポートやケアが必要になってくるんですね。

また、保護者こそ成績にばかり目を向けるのではなく、「子どもが成長するための教育である」ことを念頭に置いておくこと。受験の最中では「そんな綺麗事言ってられない」と思うかもしれませんが、子どもが学ぶことを嫌いになってしまう、燃え尽きてしまうほうが、子どもの長い人生を考えたときに幸福から遠ざかるように思います。それは、私自身中学受験を経て感じたことでもあります。

6 心療内科やカウンセリングに頼るタイミング

プロに頼るべきタイミングに悩んでいる方も多くいると感じています。とくに、日本は心療内科やカウンセリングへの偏見もまだ根強いですし、高いハードルを感じている人も多いと思います。

内田　私の所属しているマサチューセッツ総合病院には、アジア人の家庭にどのように精神疾患や精神的なケアカウンセリングを促進するか、という部署まであるのです。

日本を含む東アジア諸国では、歴史的・文化的背景により、自分の弱さを他人と共有することが難しい場合があります。この文化的な特性を考慮に入れつつ、私が関わっている議論や対話の中でよく提案するのは、**弱さを疾患や治療対象としてとらえるのではなく、自己成長のための一環として強さを増やすという視点です。**

このアプローチでは、弱点や課題を乗り越えることが、個人の成功に直接的に寄与するものとして位置づけられます。

これにより、弱さを隠すのではなく、それを成長の機会として受け入れ、自分の能力を向上させるためのステップとして活用することが奨励されるんですね。このようなとらえ方と伝え方をすれば、文化的な障壁を乗り越え、個人が自己実現に向けて前向きなステップを踏み出しやすくなるんです。

プロフェッショナルな支援を求めることを、もっとカジュアルにとらえていいのではないかと思っています。実際、うつや不安などの診断が出る状況でなくても、恋愛の悩みや自己探求、自分の思考パターンを理解したいという願望をきっかけに、セラピストに相談してもいいと思っています。

しかし、精神科医のリソースは限られていて、とくに小児精神科医が不足しています。私自身も、限られたリソースの中で役目を果たすために、医師でなければできない薬の処方を扱うことが多い。薬の必要性は後からわかることかもしれないので、まずはセラピストやカウンセラーの助けを求めることも非常に有効だと思います。

では、カウンセリングに頼るタイミングや頼り方はどのようにすればよいのでしょう。

みたらし カウンセリングルームは医療機関と違い、症状を治療するためだけに行く場所ではありません。一般的に、病院だと「困っていることや症状はありますか？」というところからコミュニケーションが始まりますが、カウンセリングでは天気の話でもいいですし、友達とけんかした話でもいいのです。特段大きな悩みがなかったとしても、来ていいのです。

ちょっとお試しで来ましたとか、人生を整理したいとか、将来について不安があるから話したいとか、そういったこともお話できます。

お子さん1人で行くことにハードルがありそうでしたら、まずはご家族で来ていただくのも1つの方法だと思います。

ある程度言語習得ができているお子さんであれば1対1で言葉を使ったカウンセリングもできますが、それ以外にもプレイセラピー（遊戯療法）という方法もあります。

おもちゃがいっぱいあって、その中でセラピストと子どもが一緒に遊びます。遊んでいく中で、レジリエンスを培うこともあります。また、子どもの抱えるモヤモヤが遊びを通して表現されることもありますし、そこから虐待が発見されたケースもあります。

大きな問題がなかったとしても、遊戯療法に一度通わせてみるのは1つのよい方法だと思います。

犬山 子どもがカウンセリングが必要になったときに、選択肢としてスッと行くためにも、お試しで行っておくのもありなんですね。また、保護者自身がカウンセリングを受けていると、孤独感が減り、子育てに余裕が生まれると私自身感じています。

7 精神不調のときの子どものサイン

子どもの精神疾患についても知りたいと思っています。若いときに発症しているのに、保護者に知識がないため病院に行かず悪化してしまった、というケースもよく聞きます。

子どもの病気に対し、プロにつなげていくためにどんなことを知っておけばよいのでしょうか。

みたらし 前提として、うつ病や統合失調症、不安症、摂食障害といった精神疾患は、実は10代から30代の間に発症することが多いとされています。たとえば、40代くらいで医療機関を訪れる方でも、実は10代から発症していたというケースが本当に多いのです。10代は精神疾患にかからないと思われる方もいますが、もちろん10代もかかります。とくに統合失調症に関しては、10代から20代、30代前後の比較的若い方が発症することが多い病気とされています。ですから、自分の子どもが精神疾患に絶対かからないということはありえません。

保護者の方に知っておいてほしいことは、子どもが見せるさまざまなサインの中には、精神疾患の予兆や実際に発症しているケースもあるということです。サインを見極めるためのヒントをお伝えできればと思います。

まず、「体」と「心」と「行動」という3つの分野があります。**体のサイン、心のサイン、行動のサイン、この3つでお子さんを見てほしいと思います。**

体のサインに関しては、まずは睡眠です。もともと夜ふかしする子がずっと夜ふかししている分にはそんなに影響はないかもしれませんが、すんなり寝ていた子がある時期から寝なくなった、寝つきが悪そうだ、などの変化が見られたらサインの可能性があります。

他には、食欲と体重の変化です。極端にダイエットしていたり、短期間で10キロを越える増量や減量がある場合は、背景に精神疾患が隠れている可能性もあるので、変化を見逃さないことが大切です。コンビニでお菓子をたくさん買ってきてすごい勢いで食べているとか、食べ吐きが見られる場合は注意をする必要があります。摂食障害は10代に多いとされており、それらの多くはボディイメージの歪みや、体の変化などから起こることがあります。

ただ注意してほしいのは、家族であったとしても、ご本人の体に関することにコメントするときは慎重にならなければなりません。身近な人からの「太っている」「痩せている」

などの言葉によって、摂食障害やボディイメージの歪みが引き起こされることもあるからです。

さらに、疲労感、頭痛や腰痛、肩こり、便秘、下痢、皮膚の発疹なども、ストレスサインの場合もあります。もちろん、まずは体の検査をすることが大切ですが、原因不明とされたものは心からきている可能性があります。体に出ている予兆や健康状態に関しても、注意して見てあげるといいと思います。

次に、心のサインです。笑顔が減った、怒りやすくなったなど、感情の極端なアップダウンは、心の状態の表現です。あまりに泣かなすぎたり、我慢強いのも、抑圧という形をとっていることもあるかもしれません。思春期や反抗期とは別の段階で、感情の波が出てきている場合、1つのサインとして受け取ってあげましょう。

最後に、行動のサインです。遅刻や欠席が増える、登校拒否の他にも、10代の子に多いのは自傷行為といわれるものです。自傷行為というとリストカットを連想しやすいですが、リストカット以外にも自傷行為はあります。唇の皮をむいたり、眉毛や髪の毛を抜いたり、体を打ちつける、つねることも自傷行為なのです。また、これは家族が知ることは難しいかもしれませんが、自慰が極端に多かったり、不特定多数の人と性的関係を持っていることも自傷行為の1つとされています。

ここで大切なのは「無理にやめさせないこと」。親の立場として、遅刻や欠席、登校拒否、自傷行為などを止めたい気持ちはわかりますが、叱責をしたり、止めたりするのは逆効果になる危険性があります。

そういったときは、それらの行動に言及せず、「最近何かあったの？」とか、「最近、無理してないかな？」と聞いてみることも大切です。オープンクエスチョンではなく、できるだけYES・NOで答えられるような尋ね方をおすすめします。

「大丈夫？」と聞くと、反射的に人は「大丈夫」と答えてしまいます。「どうしたの？」と聞けば「何もないよ」と答えるかもしれません。できる限り、「どこで、いつ、誰と、どのように」を優しく尋ねてみて、それでも答えにくそうであれば、専門家を頼るのも方法の1つかもしれません。

犬山 そういうときは、子どもだけでなく保護者自身もケアを受けることが大切なのかなとも感じます。精神疾患の子に伴走する中で、保護者もプロに伴走してもらい、ケアをしてもらえるとよりヘルシーですね。

8
カウンセリングへ行くときの誘い方

カウンセリングや医療機関に子どもを連れて行くとき、どのように誘えばいいのか知りたいです。子どもを傷つけそうで、怖くてなかなか言えないという人も多いと思います。

みたらし どうしてもカウンセリングに行くことが「罰」のように感じられることが多いんですよね。「自分が悪いことをしたから、変だったから、カウンセリングに連れていかれる」という印象を抱く子は少なくないでしょう。

そのときにおすすめなのが、**「私が先生に、相談したいことがあるからついてきてくれる?」という言い方です。**自分に用事があるからついてきてもらう。そして、ついでの形で「○○（子どもの名前）も話してみる?」と聞いてみるのがいいと思います。

あとは、自分の健康診断を受けるついでに行く、というニュアンスもよいです。「定期的にメンテナンスを受けているから、一緒に行ってみようよ」と、友達感覚で誘うのも効果的です。

また、**「あなたが相談している間は、お母さんは聞かないから」というように、安全な場所であるというスタンス作りも大事です。**

子どもだけでなく、パートナーにカウンセリングを受けてほしいのに、パートナーが来たがらないケースも多くあります。カウンセリングを、どちらが悪いか決めてもらう場所というとらえ方をされる方もいます。また、「カウンセラーとパートナー（妻）が結託して、自分を責めてくるんじゃないか」と思って拒否をされる場合もあります。しかし、家族カウンセリングや夫婦カウンセリングは「誰が悪いか」を決める場所ではありません。皆さんのコミュニケーションが円滑になり、健康的な居場所作りをすることが目的なのです。

もしもお子さんやパートナーに、カウンセリングに行くことを拒否された場合は、「ちょっとついてきてほしい」とか「私の状態を知ってほしい」という伝え方は有効だと思います。

犬山 まずは保護者がメンタルヘルスを軽視しないこと、精神疾患への偏見をなくすことから始まるのかもしれません。子どもの心の回復力を育てながら、必要に応じてプロに頼っていく。早いうちに治療につないでいくこと、そして自分自身もケアを受けること。難しいことだとは思いますが、こういった行動を取れることが本当に大切だと痛感します。

9 いいカウンセラーの選び方

多くの方が悩むのは、「どうやってカウンセラーさんを選べばいいの？」だと思います。私は友達から紹介されたカウンセラーさんにしましたが、周りにはカウンセリングに行ったことがない人のほうが多いように思います。

みたらし 私もその質問をよく受けます。基本的には、**臨床心理士、公認心理師、精神科医がいる専門機関を選ぶことをおすすめしています。そして大事なのは、通いやすい場所です。**ただ、家の近くのカウンセリングに行ってみたら合わなかったというケースもあると思います。

そもそも、カウンセリングを希望する人には、明確な悩みがある場合と、とりあえず行ってみるという場合があると思います。明確な悩みがあるときにも、さらに2つの状況があるでしょう。1つは、実際に体の症状として出ていること。たとえば、眠れないとか、お子さんが急に暴れてしまったり、引きこもってしまったりといった表出化された何らかの行動や症状のようなものが見られる場合です。2つめは、何か悩んでいそうだとか、何か漠然としたモヤモヤがあるけれど、表面上ではわかりにくい場合です。

1つめの明確な行動異変がある場合は、カウンセリングルームではなく、児童精神科や心療内科などの医療機関に行かれたほうがいいかもしれません。医療機関で「カウンセリングのほうが合っている」と判断された場合は、医療機関の中にいる臨床心理士や公認心理師を紹介されたり、カウンセリングルームを教えてもらえることもあります。

2つめの場合は、まずはカウンセリングルームに行ってみてもいいかもしれません。インターネットで調べるときは、有資格者がいるカウンセリングルームかどうかを確認したうえで、ホームページ上の「こんな悩みを受けつけています」という文言を見てみてください。また、所属している学会や専門分野の記載もあると思うので、それらも参考になります。

体の病院探しと同じで、カウンセラーも専門分野を見て選ぶことが大切です。たとえば、いじめや性暴力などの暴力に関しては、トラウマ治療ができる臨床心理士、公認心理師、あるいは精神科医がいる場所に行くことをおすすめします。

しかし、最終的には相性が大事です。Aさんにとっては最悪のカウンセラーでも、Bさんにとっては最高のカウンセラーということがよくあります。ですので、自分が受けてよいカウンセラーだったからといって、他の人にとってもいいとは限りません。
　おすすめとしては、いろいろな臨床心理士が在籍しているカウンセリングルームを選ぶことです。そういった場所は、相性が悪かったときに担当を変えてもらえる選択肢が多いので通いやすいでしょう。

犬山　悩んだときにカウンセリングじゃなくて占いに行く方も多いなと思います。占いを否定するわけではありませんが、話を聞いてもらい、アドバイスをもらううえで、エビデンスに基づいて専門的に学んだカウンセラーを選ぶという選択肢も、もっと広まってほしいと思います。

10

頼れる場所は保健所や保健センターにも

地方に住んでいるがゆえに、カウンセリングへのアクセスが悪くて困っている人もいるかと思います。そういった場合はどうすればよいのでしょう。

みたらし 確かにカウンセリングルームや医療機関は都市部に集結しやすいですが、地方にも存在しています。自分の身近なところに、どんな施設があるのかを把握しておくことが大事だと思います。

また、頼れる場所は心療内科や精神科、カウンセリングルーム以外にもいろいろあります。

たとえば、**地域の保健所や保健センターでは、不眠やうつなどの精神疾患に関する悩みだけでなく、家庭内暴力、引きこもり、不登校など思春期の問題に関する相談も受けつけています。**保健所や保健センターにも臨床心理士がいますし、精神保健福祉センターも全国にあります。

これらの施設を知っている方は少ないかもしれませんが、今は精神科医療は地域で診るスタンスに変わってきています。もしわからなければ、市役所や区役所に聞いてみてもいいですし、保健所、保健センター、精神保健福祉センターにも相談窓口が開かれています。これらの情報を知っておくことは大切です。

犬山　保健センターや精神保健福祉センターに臨床心理士がいることを知りませんでした。今、問題がない状態でも、近くにどんな機関があるのか調べておくと、いざというときの選択肢になるのでいいですね。

おわりに

私は20歳のときから14年間、難病の母を介護していました。

娘を妊娠してからは介護から離れ、姉とヘルパーさんが主に介護をやっていました。そして、母は2年前に亡くなりました。

母は、優しく穏やかで愛情深い人でしたが、中学受験の勉強になると厳しい人になりました。私と母が過ごした時間は介護中が一番密接で長かったのに、母のエピソードといえば中学受験の3年間、というくらい強烈な思い出として残っています。

若い頃、早くに父親を亡くした母は、きっとたくさん苦労をしたんだと思います。「ピアノを習ってみたいな」「塾に行ったりして勉強したかったな」そんな気

持ちがあったのかもしれません。門限が非常に厳しかったのは、もしかすると母自身が危ない思いをしたことがあったからなのかもしれません。

今、私も娘を育てる母になり、そんな母の気持ちが痛いほどわかるのです。子どもに「どうにか生きていてほしい」と願うから、自分が死んだ後も娘ができるだけ長く生きていてほしいから、だから「いい大学に行けば、いい人と出会えて、その人に守ってもらえるはず」と思ってしまう。そして「一生のうちの今だけだから」と無理強いしてしまう。

母なりに女の子である私を守ろうと、当時「いい」とされていることを私に全部したんだと思うのです。母のおかげで私は今42歳、健康に生きています。

でも、やっぱり娘の人生は娘のもので、私の人生は私のもの。私はそれを大切にしたい。

娘には自分の人生を自分で選び取り、生きる喜びを感じてほしい。

今回、たくさんの先生にご協力いただき、少女たちを守るために大切なことをうかがいました。稲葉可奈子先生、上野千鶴子先生、内田舞先生、荻上チキさん、長田杏奈さん、清水晶子先生、ＳＨＥＬＬＹさん、鈴木朋子さん、みたらし加奈さん、吉野なおさん、ありがとうございます。また、思いを共有しながら伴走してくれた担当の星野悠果さん、小石亜季さん、ありがとうございます。
そして、少女たちを守りたいと思い、アンケートに答えてくださった皆様、ありがとうございました。

少女たち、私たちが「女に生まれなきゃよかった」と思わず、「自分の人生を生きる喜び」を味わいつくせますように。

犬山紙子

女《おんな》の子《こ》に生《う》まれたこと、後《こう》悔《かい》してほしくないから

発行日　2024年10月18日　第1刷

Author　犬山紙子
Illustrator　中島ミドリ
Book Designer　アルビレオ

Publication　株式会社ディスカヴァー・トゥエンティワン
〒102-0093 東京都千代田区平河町2-16-1 平河町森タワー 11F
TEL 03-3237-8321（代表）03-3237-8345（営業） FAX 03-3237-8323
https://d21.co.jp/

Publisher　谷口奈緒美
Editor　星野悠果／小石亜季

Store Sales Company
佐藤昌幸／蛯原昇／古矢薫／磯部隆／北野風生／松ノ下直輝
山田諭志／鈴木雄大／小山怜那／町田加奈子

Online Store Company
飯田智樹／庄司知世／杉田彰子／森谷真一／青木翔平／阿知波淳平／井筒浩
大崎双葉／近江花渚／副島杏南／徳間凜太郎／廣内悠理／三輪真也／八木眸
古川菜津子／斎藤悠人／高原未来子／千葉潤子／藤井多穂子／金野美穂／松浦麻恵

Publishing Company
大山聡子／大竹朝子／藤田浩芳／三谷祐一／千葉正幸／中島俊平／伊東佑真
榎本明日香／大田原恵美／小石亜季／舘瑞恵／西川なつか／野﨑竜海／野中保奈美
野村美空／橋本莉奈／林秀樹／原典宏／牧野類／村尾純司／元木優子／安永姫菜
浅野目七重／厚見アレックス太郎／神日登美／小林亜由美／陳玟萱／波塚みなみ／林佳菜

Digital Solution Company
小野航平／馮東平／宇賀神実／津野主揮／林秀規

Headquarters
川島理／小関勝則／大星多聞／田中亜紀／山中麻吏／井上竜之介／奥田千晶
小田木もも／佐藤淳基／福永友紀／俵敬子／池田望／石橋佐知子／伊藤香
伊藤由美／鈴木洋子／福田章平／藤井かおり／丸山香織

Proofreader　株式会社鷗来堂
DTP　有限会社一企画
Printing　シナノ印刷株式会社

https://d21.co.jp/inquiry/
ISBN978-4-7993-3091-3
(ONNANOKONI UMARETAKOTO,KOUKAI SHITE HOSHIKUNAI KARA by Kamiko Inuyama)